기도하는
인생은
다르다

기도하는 인생은 다르다

지은이 | 이규현
초판 발행 | 2023. 8. 23.
5쇄 발행 | 2024. 05. 16
등록번호 | 제1988-000080호
등록된 곳 | 서울특별시 용산구 서빙고로65길 38
발행처 | 사단법인 두란노서원
영업부 | 2078-3352   FAX | 080-749-3705
출판부 | 2078-3331

책값은 뒤표지에 있습니다.
ISBN 978-89-531-4538-2   03230

독자의 의견을 기다립니다.
tpress@duranno.com   www.duranno.com

두란노서원은 바울 사도가 3차 전도여행 때 에베소에서 성령 받은 제자들을 따로 세워 하나님의 말씀으로 양육하던
장소입니다. 사도행전 19장 8-20절의 정신에 따라 첫째 목회자를 돕는 사역과 평신도를 훈련시키는 사역, 둘째 세
계선교(TIM)와 문서선교 (단행본·잡지) 사역, 셋째 예수문화 및 경배와 찬양 사역, 그리고 가정·상담 사역 등을 감당하고
있습니다. 1980년 12월 22일에 창립된 두란노서원은 주님 오실 때까지 이 사역들을 계속할 것입니다.

내 힘으로 사느냐, 하나님의 능력으로 사느냐

기도하는 인생은 다르다

part 1

기도의 자리가
모든 것을 결정한다

part 2

기도한 만큼 보이고,
기다린 만큼 얻는다

기도는 마술이 아니라
일상이다

기도의 힘을 믿지만 기도를 소홀히 여기고 살아갈 때가 많다. 기도가 중요하다는 것을 알지만 그에 비해 기도를 등한시할 때가 많다. 기도의 동작은 둔화되고 민첩한 활동들은 화려해지는 시대다. 오늘날 신자에게 기도는 프로그램 중 하나로 전락한 느낌이다. 신앙생활을 하는 사람이라면 기도가 무엇인지 안다. 그러나 기도는 이론이나 지식만으로는 알 수 없다. 기도는 영적 경험이다. 영적 세계가 깊어지는 것은 기도와 분리해서 생각할 수 없다. 기도가 깊어져야 신앙이 깊어지게 되어 있다. 하나님을 경험하는 일은 기도를 통해서 가능하다.

신앙이 추상화된 시대다. 신앙이 매우 가벼워졌다. 종교적 술

어를 익히고 종교적 개념들을 이해한 것만으로 신앙이라고 말하기 어렵다. 신앙이 일상에서 구체적으로 경험되고 있는가를 물어야 한다. 기도는 신앙 추상화를 걷어 낸다. 하나님은 추상적인 분이 아니시다.

신자에게 기도는 일상이어야 한다. 기도는 하늘과 땅을 잇는 일이다. 하늘의 일이 땅에 실현되는 일이다. 기도는 일상이면서 신비롭다. 기도는 이론과 지식의 문제가 아니라 경험이어야 한다. 많은 경우에 영적인 경험은 기도를 통해서 일어난다.

우리가 기도하는 것보다 더 중요한 것은 하나님의 기도 요청이다. 예수님은 기도를 가르쳐 주셨다. 하나님이 기도의 길을 터

놓으셨다. 기도하라고 하신 분도 하나님이시다. 하나님은 기도를 통해서 우리를 만나 주신다. 일상에서 기도를 배워야 한다. 신자에게는 기도의 욕구가 내재되어 있다. 그리스도인이라면 누구나 기도할 수 있다. 유진 피터슨의 표현대로, 기도는 우리의 일차적 언어요 모국어다. 기도 없이 살아가는 것 자체가 불가능하다.

기도의 길을 따라가다 보면 내가 예상하지 않은 일들이 일어난다. 기도는 상황을 바꾼다. 그러나 때로는 기도가 환경을 바꾸기 전에 나를 바꾸어 놓는다. 기도는 자신의 문제로 시작된다. 그러나 기도가 깊어져 가면 나의 문제에서 빠져나와 하나님에게로 관심이 이동된다. 하나님께 몰두하면 나의 문제는 자연히 작아진다. 나의 필요로 시작된 기도가 하나님의 뜻으로 이동된다. 내 욕망의 성취가 아니라 하나님 나라를 위한 기도로 전환될 때 신앙은 활력이 넘친다. 이기적인 형태를 띤 기도가 나중에는 이타적 기도로 성숙해진다. 기도는 성화의 중요한 요소다.

기도는 우리가 생각하는 것보다 훨씬 더 위대한 일이다. 기도가 강해지면 삶은 강력해진다. 기도가 가는 곳까지만 인생도 간다. 항상 기도가 먼저 나간다. 기도가 시작되지 않았으면 아무 일도 일어나지 않은 것이다. 기도가 모든 것의 시작점에 있어야 한다. 모든 것은 기도를 통해서 이루어진다.

하나님은 무엇인가를 시작하실 때 먼저 기도를 시키신다. 우리가 위대한 일을 할 수 없다. 하나님만 위대하신 분이다. 그 위대하심을 경험할 수 있는 것이 기도다. 기도는 위대하신 하나님을 경험하는 신비로운 일이다.

기도를 배운 사람은 삶의 지평이 어디까지 펼쳐질지 알 수 없다. 기도를 가벼운 종교적 행위로 치부하면 안 된다. 기도는 우리가 상상하는 것보다 훨씬 더 거대한 일이다. 기도가 하늘에 닿을 때 초월이 일어난다. 하나님은 지금도 기도하는 사람을 찾으신다. 기도하는 사람을 통해서 일하신다. 기도가 곧 일이다. 기도가 사역이다. 기도가 영성이다. 기도가 미래다. 기도의 깊은 골짜기까지 들어가는 일에는 시간이 걸린다. 그러나 깊은 세계는 분명히 존재한다. 하나님을 바라보다 보면 우리의 예상을 벗어난 은혜의 강물이 넘실거리는 것을 경험하게 된다.

기도하지 못하도록 방해하는 현대 문화 속에서 기도의 광맥을 좇아 계속 하나님을 찾는 자들은 결코 실망할 일이 없다. 영적 몰입도를 높이고 하나님께 더 가까이 나아가는 성도들에게 이 책이 조금이라도 도움이 되기를 바란다.

이 책의 내용은 대부분 수영로교회가 보배처럼 붙들고 영적 풍요를 누리고 있는 금요철야기도회에서 설교한 내용들을 모은 것이다. 음성으로 선포된 것을 문자로 옮길 때의 감흥이 그대로 살아나기란 어려울 테지만, 그래도 기도와 말씀을 사모하는 성도들에게 조금이라도 도움이 되기를 바라는 마음으로 용기를 내어 내어놓게 되었다.

출판을 위해 수고해 주신 분들, 두란노 출판부, 수영로교회 홍보실, 비서실 김재덕 목사님 그리고 이 말씀을 듣는 최고의 청중인 수영로교회 성도들에게 감사를 드리고, 또 늘 기도의 신실한 동역자인 아내에게도 감사를 드린다.

해운대에서
이규현 목사

part 1

기도의 자리가
모든 것을 결정한다

1장

일상 기도

그럼에도 불구하고
쉬지 않는 기도

데살로니가전서 5:17

쉬지 말고 기도하라

왜 항상 기도하지
못하는 것일까

그리스도인은 기도의 능력, 기도의 중요성을 압니다. 기도가 중요하다는 것은 알지만, 기도를 우선으로 생각하지 않을 때가 있습니다. 그동안 한국 교회는 열심히 기도했습니다. 그런데 성경 공부, 제자훈련 등으로 인해 기도가 우선순위에서 밀려났습니다. 사도 바울은 "쉬지 말고 기도하라"(살전 5:17)라고 말했습니다. 쉬지 말고 기도하라는 것은 기도하기를 멈추지 말라는 뜻입니다. 그러므로 기도가 끊어지면 안 됩니다. 지속해서 기도해야 합니다.

또한 사도 바울은 "소망 중에 즐거워하며 환난 중에 참으며 기도에 항상 힘쓰며"(롬 12:12) 라고 로마서에 기록했습니다. 그는 기도에 대해 말할 때마다 '항상'이라는 부사를 사용했습니다. 바울은 그냥 기도하라고 하지 않았습니다. 항상 기도하라고 했습니다.

예수님을 믿는 사람은 누구든지 항상 기도해야 합니다. 기도하는 자세가 변함없어야 합니다. 비가 오든 눈이 오든 항상 기도해야 합니다. 자신의 감정 상태와 상관없이 피곤해도 기도해야 합니다. 성경을 보면, 변함없이 항상 기도한 사람이 많습니다. 그들은 자신의 생명을 걸고 기도했습니다. 그중에서 다니엘을 살펴봅시다.

> "다니엘이 이 조서에 왕의 도장이 찍힌 것을 알고도 자기 집에 돌아가서는 윗방에 올라가 예루살렘으로 향한 창문을 열고 전에 하던 대로 하루 세 번씩 무릎을 꿇고 기도하며 그의 하나님께 감사하였더라" 단 6:10

다니엘은 30일 동안 왕 외의 어떤 신에게나 사람에게 무엇을 구하면 사자 굴에 던져 넣기로 한 조서에 왕의 도장이 찍힌 것을 알았습니다. 그럼에도 그는 전에 하던 대로 하루에 세 번씩 무릎을 꿇고 하나님께 기도했습니다.

왕의 조서에 도장이 찍힌 것을 알았으니 잠시 기도를 쉴 수도 있었습니다. 그러나 다니엘은 그렇게 하지 않았습니다. 다니엘은 생명을 걸고 기도했습니다. 항상 기도하는 것이 기도의 사람의 비밀입니다. 다니엘은 기도의 비밀을 알았습니다. 그래서 그는 기도하지 않을 수 없었습니다. 기도를 통해 하나님과 연결되기 때문입니다. 기도하는 것은 다니엘의 삶에서 가장 우선되는 중요한 일이었습니다. 다니엘은 기도의 자리를 자신의 생명처럼 지켰습니다.

기도는 하나님께
붙는 것이다

"쉬지 말고 기도하라" 살전 5:17

사도 바울은 왜 쉬지 말고 기도하라고 말했을까요?

첫째, 기도는 삶이기 때문입니다. 기도는 삶의 일부가 아니요 전부입니다. 그리스도인이 해야 하는 일 중 가장 중요한 것이 기도입니다. 기도는 본질입니다. 기도는 핵심입니다. 기도는 차선이 아니요 우선입니다. 기도하지 않는 사람을 그리스도인이라고 할 수 없습니다. 기도는 신자에게 호흡입니다. 호흡하지 않으면 죽습니다. 호흡이 편안해야 합니다. 호흡은 일상입니다. 호흡은 선택 사항이나 기호가 아닙니다. 기도는 신자에게 생명과 같습니다. 신자는 삶 전체가 기도여야 합니다. 신자는 염려하지 말고 기도해야 합니다. 그럴 때 삶이 달라집니다. 신자는 밥을 먹듯 기도해야 합니다. 숨을 쉬듯 기도해야 합니다. 대화하듯 기도해야 합니다. 생각하듯 기도해야 합니다.

둘째, 매 순간 하나님이 필요하기 때문입니다. 우리는 자존적 존재가 아니라 의존적 존재입니다. 자신의 힘을 믿고 의지하는 사람은 기도할 수 없습니다. 우리는 연약합니다. 우리 자신을 믿을 수 없습니다. 나를 어떻게 믿습니까. 사람은 자신의 고통을 스스로 해결할 수 없습니다. 이것이 사람의 한계입니다. 그러므로 우리는 하나님이 필요합니다. 살다 보면, 마치 벽 앞에 선 것 같은 때가 있습니다. 사람의 힘으로는 자신 앞에 놓인 벽을 뚫을 수 없습니다. 사람의 실력만으로는 이 세상에서 살아갈 수 없습니다. 우리는 하나님이 주시는 힘으로 살아갑니다. 우리가 하나님께 붙어 있을 때 하나님이 주시는 힘을 경험할 수 있습니다.

"너희가 내 안에 거하고 내 말이 너희 안에 거하면 무엇이든지 원하는 대로 구하라 그리하면 이루리라" 요 15:7

기도는 하나님께 붙는 것입니다. 우리는 하나님께 딱 붙어 있어야 합니다. 하나님께 붙는 것이 우리의 실력입니다. 기도는 하나님 안에 머물러 있는 것입니다. 온갖 악을 쓰고 살 이유가 없습니다. 우리가 가진 힘을 빼고 모든 것을 하나님께 넘기는 것이 기도입니다. 하나님의 능력을 믿을 때 우리가 자유로워집니다. 우리는 기도를 통해 하나님을 신뢰하는 법을 배워야 합니다. 우리가 하나님을 신뢰하고 하나님 안에 머물러 있을 때, 하나님은 우리가 생각하고 구하는 것 이상으로 우리에게 응답하십니다.

하나님이 우리의 기도에 응답하실 때만 하나님을 좋은 분으로 생각하고, 하나님이 우리의 기도에 응답하지 않으실 때는 하나님을 나쁜 분으로 생각해서는 안 됩니다. 하나님은 언제나 선하십니다. 하나님이 우리의 기도에 응답하지 않으셔도, 하나님은 선하십니다. 하나님은 우리가 생각하는 것보다 더 놀라운 계획을 가지고 계십니다.

기도하는 것이 의무가 되어서는 안 됩니다. 의무적으로 기도하는 것은 위선입니다. 외식주의자들은 기도하는 것을 의무로 생각했습니다. 예수님 시대에 바리새인들이 그러했습니다. 바리새인들은 사람들에게 인정받기를 원했습니다. 그래서 그들은 사람들을 의식해 의무적으로 기도했습니다.

예수님은 "나를 떠나서는 너희가 아무것도 할 수 없음이라" (요 15:5)

라고 말씀하셨습니다. 우리의 힘으로는 아무것도 할 수 없습니다. 우리는 하나님이 필요합니다. 그러므로 우리는 쉬지 않고 기도해야 합니다. "하나님, 저는 아무것도 할 수 없습니다"라고 날마다 고백해야 합니다. 이 고백을 드리는 것은 부끄러운 일이 아닙니다. 하나님의 자녀는 날마다 고백해야 합니다. "하나님, 저는 아무것도 할 수 없습니다. 하나님의 도우심이 필요합니다. 하나님, 도와주세요. 저를 불쌍히 여겨 주세요" 하며 모든 것을 하나님께 맡겨야 합니다. 내 힘으로 할 수 없다는 것과 하나님이 모든 것을 이루신다는 것을 인정해야 합니다. 그렇게 할 때 우리가 상상하지도 못한 일이 일어납니다.

그런데 우리는 왜 항상 기도하지 못합니까?

기도의 필요성을 느끼지 못하면 기도하지 못한다

어려움 없이 사는 사람들은 지금 이대로도 좋다고 생각합니다. 굳이 기도하지 않아도 문제될 것이 없다고 생각합니다. 그래서 기도거리가 없습니다. 자신감이 넘칩니다. 간절함이 없습니다. 이것은 교만입니다. 이런 사람들은 열심히 기도하는 사람을 자신보다 못하고 유약하다고 생각합니다. 기도를 하나님께 떼쓰는 것으로 생각합니다. 궁상맞다고 생각합니다. 살면서 어려움을 겪지 않았기 때문에 이렇게 생각합니다. 이들은 자신에게 능력이 있다고 생각합니다. 때로는 모든 것을 돈으로 해결하려고 합니다. 이런 사람들은 물질적으로는 부요하지만, 영적으로는 가난합니다.

사람은 궁지에 몰렸을 때 기도하게 됩니다. 고통 속에서 기도합니다. 어려움을 겪으며 기도를 배웁니다. 편안한 때에는 기도하지 않습니다. 자신감과 교만이 가득합니다. 자신이 가진 능력을 믿습니다. 물러설 곳이 없으면 저절로 기도합니다. 의지할 것이 하나도 없기 때문에 항상 기도하게 됩니다. 죽을 지경이기 때문입니다. 그런데 이때가 영적으로 가장 좋습니다. 기도할 수밖에 없는 상황에 처했을 때, 이때가 가장 복됩니다. 하나님을 찾지 않는 것은 매우 위험합니다.

영적으로 침체하면
기도하지 못한다

신앙생활을 하다 보면 영적으로 침체할 때가 있습니다. 영적으로 침체하면 의욕도 없고 기쁨이 없습니다. 그저 쉬고 싶습니다. 때로는 식욕을 잃기도 합니다. 그러다 보면 기도할 마음이 생기지 않습니다. 기도해야 한다는 것은 알지만, 행하려는 마음 없이 의무적으로 기도합니다. 신앙생활을 오랫동안 한 사람이나 사역자에게 영적 침체 현상이 나타날 수 있습니다. 영적으로 침체한 사람은 영적으로 무기력합니다.

낙심하면
기도하지 못한다

기도하다가 낙심하는 경우가 있습니다. 낙심은 기도하는 사람에게 적입니다. 낙심하면 힘이 빠져 더 이상 기도할 수 없습니다. 기도하다가 낙심하는 이유는 무엇입니까? 하나님이 속히 응답하지 않으신다고 생각하기 때문입니다. 기도하다가 낙심하면 적극적으로 기도할 수 없게 됩니다. 기도하다 보면 하나님이 금방 응답하실 때도 있지만, 더디게 응답하실 때도 있습니다. 어려움이 닥치면 마음이 급해집니다. 마치 시간이 멈춘 것 같습니다. 하나님의 응답이 늦어진다고 생각하는 것은 자신의 생각일 뿐입니다. 하나님은 가장 적절한 때에 응답하십니다.

우리는 기도를 통해 믿음을 훈련해야 합니다. 하나님의 응답을 기다리며 우리의 믿음이 자라야 합니다. 기도한 사람은 하나님의 응답을 기다려야 합니다. 하나님이 역사하실 것을 기대해야 합니다. 하나님은 우리의 믿음을 훈련시키려 기다리게 하시기도 합니다. 우리가 기도하면, 하나님은 하나님의 때에 응답하십니다. 하나님의 때는 빠르지도, 더디지도 않습니다. 하나님은 정확한 때에 응답하십니다. 우리는 낙심해서는 안 됩니다.

마귀는 우리를 낙심하게 합니다. 그러나 우리는 계속해서 기도해야 합니다. 일평생 기도해야 합니다. 응답의 유무와 상관없이 계속 기도해야 합니다. 기도하면 하나님이 반드시 응답하심을 믿고 계속해서 기도해야 합니다. 하나님이 응답하지 않으셔도 낙심하지 마십시오. 기도 응답보다 중요한 것은 하나님과의 관계입니다.

출애굽기 17장에서 이스라엘과 아말렉이 싸울 때 모세가 손을 들면 이스라엘이 이기고, 모세가 손을 내리면 아말렉이 이겼습니다. 이스라엘이 이기려면 모세가 손을 계속 들고 있어야 했습니다.

"모세의 팔이 피곤하매 그들이 돌을 가져다가 모세의 아래에 놓아 그가 그 위에 앉게 하고 아론과 훌이 한 사람은 이쪽에서, 한 사람은 저쪽에서 모세의 손을 붙들어 올렸더니 그 손이 해가 지도록 내려오지 아니한지라" 출 17:12

기도하다 보면 지칩니다. 그래서 포기하고 싶습니다. 그때 아론과 훌 같은 믿음의 동역자가 필요합니다. "한 사람이면 패하겠거니와 두 사람이면 맞설 수 있나니 세 겹 줄은 쉽게 끊어지지 아니하느니라"(전 4:12)라고 성경은 말합니다. 그리고 예수님은 "두세 사람이 내 이름으로 모인 곳에는 나도 그들 중에 있느니라"(마 18:20)라고 말씀하셨습니다.

기도하다가 낙심할 수 있습니다. 그러나 하나님이 우리의 기도를 들으시고 응답하시는 분임을 믿고 서로 믿음을 북돋워야 합니다. 서로 격려하고 기도해야 합니다. 그렇게 할 때 지치거나 포기하지 않고 계속 기도할 수 있습니다.

상처가 많으면
기도하지 못한다

살아가면서 받는 상처가 많습니다. 배신, 상실, 학대, 폭력 등으로 인해 받은 상처는 내면에 깊이 남습니다. 고통이 크거나 마음에 원한을 품고 있으면 기도하기 힘듭니다. 불치병에 걸린 사람 중에 하나님을 불평하는 이들이 있습니다. 그들은 하나님께 마음을 열지 않습니다. 불치병 때문에라도 기도해야 하는데, 하나님께 마음이 닫혔으므로 기도하지 못합니다. 그리고 마음이 완악해집니다. 마음이 완악한 사람은 감정이 없는 것과 같습니다. 무덤덤합니다. "하나님"이라고 말하기도 힘들어합니다. 그만큼 상처는 무섭습니다. 오직 하나님만이 마음의 상처를 치유하실 수 있습니다.

십자가는 마음의 상처를 치유하는 명약입니다. 십자가를 묵상하면 우리가 가진 상처가 아무것도 아님을 깨닫습니다. 완전하신 하나님이 죄인이 되어 상처와 아픔을 경험하셨다고 생각하면, 우리의 상처는 아무것도 아닙니다. 십자가를 묵상할 때 다시 기도할 수 있습니다. 우리의 상처를 치유하시는 하나님을 경험할 수 있습니다. 하나님과 우리의 관계가 회복됩니다. 십자가를 묵상할 때 하나님이 우리에게 은혜를 주십니다. 그래서 우리를 향한 하나님의 사랑을 느낄 수 있습니다. 십자가를 묵상하면 우리의 상처가 다 치유됩니다. 십자가는 능력이 있습니다. 복음은 엄청난 능력이 있습니다. 십자가를 묵상하면 원망하는 마음이 사라집니다. 감사가 충만해집니다.

죄 문제가 있으면
기도하지 못한다

죄는 하나님과 사람을 멀어지게 합니다. 죄가 있으면 하나님께 나아갈 수 없고 하나님과 교제할 수 없습니다. 교회에 올 수는 있지만, 하나님께 기도할 수는 없습니다. 하나님 앞으로 나아가는 것을 주저하게 됩니다. 기도하는 자리에 앉아 있지만, 하나님 앞으로 나아갈 수 없습니다. 하나님의 임재를 경험할 수 없습니다. 형식적으로 예배드리고, 형식적으로 기도합니다. 은혜를 받는 일에 열심을 내지 않습니다. 담대하게 기도하지 못합니다. 자신을 스스로 정죄하기 때문입니다.

하나님 앞에서 정직해야 깊이 기도할 수 있습니다. 죄가 있으면 깊이 기도할 수 없습니다. 하나님과의 관계에 문제가 생깁니다. 작은 죄라 할지라도, 그것이 하나님과의 관계에 장애가 될 수 있습니다. 회개하지 않으면 성령이 소멸합니다. 성령이 탄식하십니다. 하나님과 깊이 교제할 수 없습니다. 십자가를 의지해야 하나님 앞에서 정직할 수 있으며, 하나님 앞에 담대하게 나아갈 수 있습니다. 자신의 죄를 인정하고 하나님의 용서를 구할 때 십자가의 은혜를 경험할 수 있습니다.

"만일 우리가 죄가 없다고 말하면 스스로 속이고 또 진리가 우리 속에 있지 아니할 것이요 만일 우리가 우리 죄를 자백하면 그는 미쁘시고 의로우사 우리 죄를 사하시며 우리를 모든 불

의에서 깨끗하게 하실 것이요" 요일 1:8-9

"사랑하는 자들아 만일 우리 마음이 우리를 책망할 것이 없으면 하나님 앞에서 담대함을 얻고 무엇이든지 구하는 바를 그에게서 받나니 이는 우리가 그의 계명을 지키고 그 앞에서 기뻐하시는 것을 행함이라" 요일 3:21-22

스스로 책망할 것이 없어야 합니다. 우리의 죄를 하나님께 모두 아뢰어야 합니다. 죄를 숨기면 안 됩니다.

너무 바쁘면
기도하지 못한다

우리는 바쁜 시대를 살고 있습니다. 이것은 말세의 특징입니다. 말세에는 사람들이 굉장히 바쁘게 움직입니다. 그런데 왜 바쁩니까? 욕심 때문입니다. 욕심은 우리를 가만히 있지 못하게 합니다. 사람들은 경쟁하며 살아갑니다. 경쟁하다 보면 쉽게 멈출수 없습니다. 현재의 삶에 만족할 수 없습니다. 바쁘게 살다 보면 시간에 쫓깁니다. 가만히 있을 수 없습니다. 불안하기 때문입니다. 오늘날 주야로 일하는 사람이 많습니다. 그래서 불면증을 비롯한 수면 장애를 겪는 사람이 많습니다.

이 시대를 가리켜 '과잉활동시대'라고 말합니다. 바쁘지 않은 사람이 없습니다. 모든 일이 힘듭니다. 일상에 쫓기듯 살아가면 쉽게 지칩니다. 피곤해지면 만사가 귀찮습니다. 피로가 쌓이면 진이 빠집니다. 그런데도 쉴 수 없습니다. 현대인들 가운데 만성 피로증후군을 겪는 사람이 많습니다.

이러한 시대를 살면서 쉬지 않고 기도한다는 것은 어렵습니다. 사람들은 너무 바빠서 기도할 시간이 없다고 말합니다. 너무 피곤해서 기도할 에너지가 없다고 말합니다. 시간이 나면 기도하겠다고 말합니다. 시간이 나면 기도하겠다는 생각은 잘못입니다. 시간이 있어서 기도하는 것이 아닙니다. 그러면 어떻게 해야 합니까? 시간을 내어 기도해야 합니다. 기도할 시간을 만들어야 합니다. 예수님이 그렇게 기도하셨습니다. 예수님도 굉장히 바쁘셨습니다. 예수님은 날이 밝기 전에 일어나 한적한 곳으로 가서 기도하셨습니다. 예수님은 기도할 시간을 만들어 기도하셨습니다.

다니엘은 바벨론의 국무총리였습니다. 그는 왕실에서 국사를 돌보았습니다. 그는 이방 사람으로서 국무총리가 되었습니다. 많은 사람이 그를 주목했기 때문에 그는 잠시도 방심할 수 없었습니다. 그러니 기도할 시간을 갖기 어려웠을 것입니다. 그러나 그는 기도하는 것을 멈추지 않았습니다.

기도하면 하나님이 우리와 함께 일하십니다. 그런데 바빠서 기도하지 않으면 갈수록 더 바빠집니다. 기도하지 않으면 일이 어려워집니다. 일이 줄어들지 않고, 오히려 많아집니다. 그래서 지쳐 버립니다. 우리는 쉬지 말고 기도해야 합니다. 시간에 쫓기듯 매우 바쁘다 하더라도 우리가 기도하면 하나님이 도우십니다. 우리가 기도하면 하나님이 앞서서 일하십니다. 이것이 기도의 비밀입니다. 기도의 비밀을 아는 사람은 아무리 바빠도 기도합니다. 바쁘기 때문에 더 열심히 기도합니다.

우리의 노력만으로는 살기 힘듭니다. 힘을 빼야 합니다. 하나님의 능력을 의지해야 합니다. 바쁠수록 하나님 앞에 엎드려야 합니다. 기도할 시간이 없을 정도로, 기도할 마음이 생기지 않을 정도로 지치게 일하는 것은 불신앙에서 비롯된 것입니다. 우리가 가진 힘으로, 우리의 노력으로 무엇인가 하려고 하면 무엇을 하든 지칠 수밖에 없습니다. 우리는 지치지 않으시는 하나님께 모든 것을 맡겨야 합니다.

깊이 기도하는 사람은 안정감이 있습니다. 깊이 기도하는 사람은 상황의 영향을 받지 않습니다. 마음이 평온합니다. 기도하면 생각이 정리됩니다. 새벽에 기도하면 하루의 일과가 정리됩니다. 할 일이 많아도 하나님이 지혜를 주셔서 넉넉히 해낼 수 있습니다. 내가 할 수 있는 일과 할 수 없는 일이 구분됩니다. 내가 할 수 없는 일은 하나님께 맡깁니다.

기도하면 어떻게 살아야 할지 하나님이 분명하게 가르쳐 주십니다. 하나님이 지혜를 주십니다. 돕는 사람을 우리에게 붙여 주십니다. 혼자서는 할 수 없는 일을 넉넉하게 해내게 하십니다. 깊이 기도하지 않으면 삶이 복잡해집니다. 삶의 에너지를 낭비합니다. 삶의 방향을 잃고 올바르게 선택하지 못합니다. 결과가 좋지 못합니다. 몸만 피곤합니다.

집중해서 기도하면 삶이 강력해집니다. 삶이 자유로워집니다. 쓸데없는 것에 집착하지 않게 됩니다. 하나님께 모든 것을 맡기면 마음이 여유롭고, 많은 일을 할 수 있습니다. 마귀는 기도의 위력을 알기에 우리가 기도하지 못하게 합니다. 기도하지 않으면 아무리 열심히 살아도 허무할 수밖에 없습니다. 삶에 질서가 없습니다. 우리는 쉬지 말고 기도해야 합니다. 바쁘기 때문에 오히려 더욱 열심히 기도해야 합니다.

계속 기도할 때
기적이 일어난다

기도는 그리스도인의 상징입니다. 기도가 중요하다는 사실을 아는 것과 기도하는 것은 다릅니다. 쉬지 말고 기도해야 합니다. 기도를 멈추지 말아야 합니다. 하나님보다 앞서서 행동해서는 안 됩니다. 변함없이 지속해서 기도하지 못한다면 원인을 찾아야 합니다. 기도가 삶의 중심에 있어야 합니다. 기도하는 것을 삶에서 가장 중요하게 생각해야 합니다.

기도를 중요하게 여기는 것으로는 부족합니다. 기도를 삶의 첫 자리에 두지 않으면, 삶은 미궁에 빠집니다. 기도가 삶의 전부가 되어야 합니다.

멈추지 않고 기도할 때 놀라운 일을 경험하게 됩니다. 하나님이 행하시는 큰 일을 보게 됩니다. 우리가 상상하지 못한 일을 하나님이 행하십니다. 자신의 능력을 믿지 마십시오. 우리의 열심이 아니라, 하나님의 열심으로 사십시오. 삶이 기도가 되어야 합니다. 호흡하듯 기도해야 합니다. 기도를 삶의 중심에 두고 쉬지 말고 기도하는 우리 모두가 되기를 간절히 소망합니다.

호흡하듯 기도하는
삶을 위한 기도문

호흡하며 살아가는 삶이
일상인 것처럼
기도하며 살아가는 삶이
일상이 되게 하소서

기도하지 않고 살아가는 삶은
하나님 없이 살아가는 삶임을 고백합니다

기도하지 않고는
아무것도 할 수 없습니다
하나님의 도우심이 필요합니다
불쌍히 여겨 주소서

저의 마음이
비통함, 애통함, 간절함으로 가득 차
매일매일 하나님을 찾고자

기도하는 사람이 되게 하소서
기도의 자리를
다니엘처럼 지키길 원합니다
어떠한 순간에도
하나님께 붙어 있는 선택을 하는
기도의 사람이 되길 원합니다

비가 오든
눈이 오든
어떠한 날씨와 환경에도 흔들리지 않고
변함없이 항상 기도하는 사람이 되길 원합니다

매 순간 기도의 필요를 알게 하시고
홀로 기도하기보다 함께 기도하며
영적 침체를 넘어, 무기력을 넘어 기도하게 하시고
낙심을 넘어 응답하실 하나님을 기대하게 하소서

기도는 삶의 차선이 아닌 우선임을
기도는 삶의 자존이 아닌 의존임을
기도는 삶의 일부가 아닌 전부임을 알게 하소서

항상 기도하는 삶을 기뻐하게 하시고
소망 중에 즐거움을, 환난 중에 인내를
기도에 항상 힘쓰며
먼저 그의 나라와 그의 의를 구하며 살아가게 하소서

2장

성령으로 기도

모든 것은
기도의 자리에서
결정된다

에베소서 6:18-20

18 모든 기도와 간구를 하되 항상 성령 안에서 기도하고 이를 위하여 깨어 구하기를 항상 힘쓰며 여러 성도를 위하여 구하라

19 또 나를 위하여 구할 것은 내게 말씀을 주사 나로 입을 열어 복음의 비밀을 담대히 알리게 하옵소서 할 것이니

20 이 일을 위하여 내가 쇠사슬에 매인 사신이 된 것은 나로 이 일에 당연히 할 말을 담대히 하게 하려 하심이라

에베소서 6장에서 사도 바울은 영적 전쟁에 임하는 사람이 갖추어야 할 무기들을 소개합니다. 영적 전쟁에 임하는 사람은 진리의 허리띠, 의의 호심경, 평안의 복음의 신, 믿음의 방패, 구원의 투구, 성령의 검을 가져야 합니다. 그리고 사도 바울은 "모든 기도와 간구를"(엡 6:18) 하라고 말합니다. 기도는 장비나 무기라기보다 영적 전쟁을 치르는 당사자를 의미합니다. 무기를 사용하는 사람이 있어야 무기는 유용합니다. 그러므로 누가 무기를 사용하는가는 매우 중요합니다.

기도에 의해
영적 전쟁의 승패가 좌우된다

사도 바울이 언급한 영적 전쟁에 필요한 무기들은 눈에 보이는 것들이지만, 기도는 눈에 보이지 않습니다. 기도는 영적 전쟁에서 매우 중요합니다. 영적 전쟁의 승패를 가름하는 요소입니다. 영적 전쟁은 혈과 육을 상대하는 싸움이 아닙니다(엡 6:12). 영적 전쟁은 눈에 보이지 않는 전쟁이라 인식하지 못할 수 있습니다. 영적 전쟁과 기도는 뗄 수 없습니다. 기도는 매우 강력한 힘이 있습니다.

기도한다고 당장 능력이 나타나는 것은 아닙니다. 언뜻 보면, 기도하는 사람과 기도하지 않는 사람 사이에 차이점이 없는 듯합니다. 그래서 많은 사람이 기도의 중요성을 인식하지 못합니다. 기도하지 않아도 일이 잘되면 착각합니다. 하지만 사도 바울은 기도가 얼마나 중요한가를 설명하기 위해 "모든 기도와 간구"를 하라고 말했습니다. 여기서 '모든 기도'란 기도할 것이 많다는 의미입니다. 기도의 범위가 넓다는 뜻입니다. 하나만이 아니라, 여러 가지를 기도해야 하며, 한 부분에 편향해 기도하는 것이 아니라, 다양하고 광범위하게 기도해야 한다는 의미입니다.

마귀의 활동 영역은 매우 넓습니다. 우리는 기도를 통해 마귀의 활동을 막아야 합니다. 마귀의 활동 영역이 곧 우리의 기도 범위입니다. 우리는 기도 범위를 좁혀서는 안 됩니다. 마귀가 광범위하게 우리를 공격하기 때문입니다. 우리가 기도하지 않는 곳

기도하는 인생은 다르다

은 마귀가 장악할 수 있습니다. 그러므로 우리의 기도 범위는 마귀의 공격 범위보다 더 넓어야 합니다.

우리는 영적 전쟁의 무기인 기도의 날을 계속해서 갈아야 합니다. 기도하는 사람은 주변에서 무슨 일이 일어나고 있는가를 살핍니다. 그리고 기도해야 할 제목을 발견합니다. 뉴스를 보면서, 사람들과 대화하면서, 묵상하면서, 예배드리면서 기도해야 할 것을 발견합니다. 기도하다 보면 하나님이 기도를 인도하십니다.

사도 바울은 "여러 성도를 위하여 구하라"(엡 6:18)라고 말합니다. 이것은 개인적인 간구로 기도를 끝내지 말고 기도의 폭을 넓히라는 의미입니다. 하나님의 시야를 가지고 기도하라는 의미입니다. 모든 것을 하나님의 관점으로 바라보면 기도가 달라집니다. 하나님 아버지의 마음을 가지고 기도하면 기도의 범위가 넓어집니다. 구체적으로 기도할 수 있습니다.

우리가 사는 세상은 영적 전쟁터입니다. 그 속에서 우리는 다양한 문제를 경험하며 살아갑니다. 우리는 기도로 보호막을 쳐야 합니다. 기도하다 보면 기도할 것이 더 많아집니다. 기도할수록 기도가 깊어지고, 범위가 넓어집니다. 기도 생활을 하는 사람은 주변에서 일어나는 일에 민감합니다. 주변에서 일어나는 일을 대수롭게 넘기지 않습니다. 반복해서 일어나는 일이 있다면,

그 일을 위해 두루뭉술하게 기도하지 않고 매우 구체적으로 기도해야 합니다.

영적 전쟁의 최전선, 깨어 경계 태세를 유지하라

사도 바울은 에베소 교회의 성도들에게 자신을 위해 기도해 달라고 부탁했습니다.

> "또 나를 위하여 구할 것은 내게 말씀을 주사 나로 입을 열어 복음의 비밀을 담대히 알리게 하옵소서 할 것이니" 엡 6:19

그는 자신이 감옥에서 풀려나도록 기도해 달라고 부탁하지 않았습니다. 하나님이 자신에게 말씀을 주셔서 입을 열어 복음의 비밀을 담대히 알릴 수 있도록 기도해 달라고 부탁했습니다. 사도 바울은 자신에게 무엇이 필요한지 정확하게 알았고, 그것을 위해 기도해 달라고 부탁했습니다. 사도 바울의 기도 제목은 그의 영적 수준을 드러냅니다.

사탄은 복음이 전파되는 것을 강력하게 방해합니다. 사탄은 복음이 전파되지 못하도록 우리의 입을 막습니다. 사탄은 우리를 두렵게 하고 위축되게 하여 복음을 전하지 못하게 합니다. 그러므로 영적 전쟁이 가장 치열한 곳은 전도 현장입니다. 우리는 깨어 구하기를 항상 힘써야 합니다(엡 6:18). 깨어 기도하는 것이 영적 전쟁에서 매우 중요합니다. 전쟁터에 있는 군인이 경계 태세를 유지하는 것이 매우 중요하듯이 말입니다.

영적으로 잠든 사람은 마귀와 동역하는 것이라 해도 과언이 아닙니다. 마귀는 영적으로 잠든 사람을 통해 자신의 임무를 수행합니다. 그런데 영적으로 깨어 있지 않으면 자기가 마귀와 동역하는 줄 알지 못합니다. 마귀의 밥이 될 수밖에 없습니다. 그러므로 반드시 깨어 있어야 합니다. 적이 언제 공격할지 알 수 없기 때문입니다. 적은 공격 시간을 미리 알려 주지 않고 기습적으로 공격합니다. 그래서 적의 공격은 무섭습니다. 깨어 있어야 적절하게 대처할 수 있습니다.

"깨어 구하기를 항상 힘쓰며"라는 말씀처럼, 우리는 기도하되 지속적으로 기도해야 합니다. 계속 깨어 기도해야 합니다. 기도하지 않고 해도 되는 일, 기도하지 않고 할 수 있는 일은 없습니다. 기도하지 않아도 되는 때는 없습니다. 무슨 일을 하든 깨어 기도해야 합니다. 깨어 기도하지 않을 때 사고가 발생합니다. 기도하지 않고 마음을 놓으면, 그때 사고가 발생합니다. 작은 일에도 하나님을 의지해야 합니다. 어떤 일이든 기도해야 합니다. 깨어 기도하는 것이 참으로 기도하는 것입니다.

영적 전쟁에서는 적을 늘 의식해야 합니다. 적이 언제든지 공격할 수 있음을 염두에 두어야 합니다. 일할 때든 쉴 때든 적이 공격할 수 있습니다. 마귀도 깨어 있습니다. 마귀는 쉬지 않습니다. 마귀는 우리를 공격하려고 항상 준비하고 있습니다. 마귀는 틈만 나면 우리를 공격합니다. 우리는 마귀가 언제 공격할지, 어디를 공격할지 예상해야 합니다. 그러므로 우리는 항상 깨어 있어야 합니다. 깨어 있어야 마귀가 언제 어디를 공격할지 분별할 수 있습니다. 깨어 있어야 마귀의 공격을 예상할 수 있습니다.

영적 전쟁에서 중요한 것은 분별력입니다. 신앙생활에서 분별력은 매우 중요합니다. 분별력이 없으면 넘어질 수밖에 없습니다. 올바르게 선택하지 못하면 잘못된 길로 가고 엉뚱한 짓을 합니다. 실수합니다. 깨어 기도할 때 분별력이 최고조에 이릅니다. 깨어 기도할 때 통찰력과 지혜가 생기고, 하나님의 인도를 깨닫습니다. 그래서 실수하지 않습니다. 깨어 기도할 때 무엇과 싸워야 하는가를 분명히 깨닫습니다. 그러나 기도하지 않으면 싸움의 대상을 알지 못합니다. 아군과 적군을 구분하지 못합니다.

오늘날 교회에서 싸우는 경우가 많습니다. 별것 아닌 이유로,

싸울 일이 아닌데도 싸웁니다. 그런데 당사자들은 그 문제가 싸울 일이 아님을 알지 못합니다. 분별력이 없기 때문입니다. 깨어 기도하지 않기 때문입니다. 분별력이 없으면 싸움의 대상을 파악하지 못합니다. 누구와 싸워야 하는가를 제대로 파악하지 못합니다. 이것은 미숙한 신자의 모습입니다. 분별력이 없으면 엉뚱한 곳에 에너지를 쓰게 됩니다.

이것은 마귀가 원하는 것이고, 마귀의 전술에 휘말리는 일입니다. 마귀는 신자들로 하여금 엉뚱한 곳에 힘을 사용하게 합니다. 심각한 주제로 회의하는 경우는 많지 않습니다. 그런데 회의를 하다가 별것 아닌 데 에너지를 쓰는 경우가 많습니다. 그러다가 분열되기도 합니다. 이때 마귀는 매우 기뻐합니다. 마귀는 손 하나 대지 않고 승리를 경험합니다.

깨어 있는 것은 매우 중요합니다. 깨어 한 시간 동안 기도해 보십시오. 엄청난 일이 일어날 것입니다. 영이 깨어 있을 때 분별력이 생깁니다. 모든 것이 선명해집니다. 지혜가 생깁니다. 선택해야 하는 것과 그렇지 않은 것을 구분할 줄 알게 됩니다. 누구와 싸워야 하는가를 깨닫게 됩니다.

오늘날 신자들은 매우 분주합니다. 분주하다는 것은 많은 것을 좇는다는 의미입니다. 삶에 초점이 없습니다. 마귀는 성도들을 분주하게 합니다. 목회자도 분주하게 합니다. 분주한 상태에서는 영적으로 중심을 잃어버릴 수 있습니다. 분주하면 피곤합니다. 집중력을 잃습니다. 그러므로 분주함은 영적 생활에서 적과 같습니다.

분주한 것을 대수롭지 않게 여겨서는 안 됩니다. 분주하고 피곤하면 가장 먼저 기도하는 일에 소홀해지기 쉽습니다. 기도에 집중하지 못하니 깨어 기도할 수 없습니다. 기도는 노동입니다. 기도하는 것은 쉽지 않습니다. 기도하려면 영적으로 민감해야 합니다. 기도하려면 집중력이 필요합니다. 그런데 지쳐 있으면 어떻게 기도할 수 있겠습니까. 우리는 삶 속에서 가지치기를 해야 합니다. 영적으로 수련해야 합니다. 그때 깊이 기도할 수 있습니다.

영적 전쟁을 하는 우리는 싸움의 대상을 너무 쉽게 여겨서는 안 됩니다. 우리가 싸워야 하는 상대는 결코 만만한 존재가 아닙니다. 우리는 마귀와 싸워야 합니다. 형식적으로 기도해서는 마귀와 싸워 이길 수 없습니다. 깊이 기도하지 않으면 마귀를 이길 수 없습니다.

형식적으로 신앙생활 해서는 안 됩니다. 형식적인 신앙생활은 무미건조합니다. 뜨겁지 않습니다. 형식적으로 신앙생활 하는 사람은 간절하지 않습니다. 하나님 앞에서 진지하지 않습니다. 그저 형식만 지키려고 하면 신앙생활이 따분하고 피곤하게 느껴집니다. 깊이 기도하려는 열망이 전혀 없습니다. 신앙생활에 재미를 느끼지 못합니다. 그러다 보면 시간이 지난 후에 모든 것이 사라져 버립니다.

기도의 자리를 점검해야 합니다. 기도의 자리를 통해 신앙의 상태를 확인할 수 있습니다. 기도회에 참석하는 것이 전부가 아닙니다. 깨어 기도하는 것이 중요합니다. 기도의 자리는 영적 전쟁의 최전선이라고 할 수 있습니다. 기도의 자리에서 승패가 좌우됩니다. 성령 안에서 기도하다 보면 모든 문제가 해결됩니다.

승리냐, 패배냐는
기도의 자리에서 결정된다

이스라엘과 아말렉이 싸울 때, 모세는 여호수아에게 "우리를 위하여 사람들을 택하여 나가서 아말렉과 싸우라 내일 내가 하나님의 지팡이를 손에 잡고 산꼭대기에 서리라"(출 17:9)라고 말했습니다. 그리고 모세는 아론과 훌을 데리고 산꼭대기로 올라갔습니다. 모세가 손을 들고 기도하면 이스라엘이 이겼습니다. 그런데 모세의 팔이 피곤하여 손을 내리면 아말렉이 이겼습니다. 그래서 아론과 훌이 돌을 가져다가 모세의 아래에 놓아 모세를 그 위에 앉게 하고 한 사람은 이쪽에서, 한 사람은 저쪽에서 모세의 손을 붙들어 올렸습니다.

전쟁터에서 싸움의 승패가 결정된 것이 아닙니다. 모세가 기도한 곳에서 싸움의 승패가 결정되었습니다. 모세의 손에 의해 전쟁의 승패가 결정되었습니다. 손을 든다는 것은 하나님의 도우심을 구하는 것입니다. 하나님을 의지하는 것입니다. 전쟁은 하나님의 손에 있음을 인정하는 것입니다.

우리의 삶에서도 마찬가지입니다. 인생의 모든 것은 하나님의 손에 있습니다. 죽고 사는 것은 하나님의 손에 있습니다. 보이지 않는 곳에서 결과가 결정됩니다. 기도의 자리에서 모든 문제가 해결됩니다. 그러므로 하나님께 모든 것을 내어놓고 하나님의 도우심을 구해야 합니다. 기도의 자리가 중요합니다. 나라와 민족, 열방을 위해 기도할 때, 그 기도의 자리에서 모든 것이 결정됩니다.

깨어 기도할 때 놀라운 역사가 일어납니다. 만약 기도하기를 포기한다면, 우리는 영적 전쟁에서 질 수밖에 없습니다. 군인이 화려한 전신갑주로 무장하고 있어도, 그것에 의해 싸움의 승패가 결정되는 것은 아닙니다. 힘이 없는 군인에게는 화려한 전신갑주가 소용없습니다. 오히려 그에게는 장애물이 될 수 있습니다. 기도가 약하면, 우리는 아무것도 할 수 없습니다. 전신갑주로 무장한들 의미 없습니다. 기도로 무장해야 전신갑주가 유용합니다. 그러므로 기도가 중요합니다.

오늘날 신자들은 아는 것이 많습니다. 성경공부와 다양한 신앙 훈련 프로그램에 참여합니다. 그들은 사탄을 이길 수 있는 전술도 알고 있습니다. 세상에서 승리하며 사는 법에 대해서도 알고 있습니다. 그런데 영적 전쟁에서는 깨어지고 무너집니다. 다 알고 있지만, 아는 대로 움직일 수 없는 것이 문제입니다. 칼을 빼려고 하지만, 칼이 빠지지 않는 것입니다. 마귀와 싸워야 하는 것을 알지만, 발이 움직이지 않습니다. 몸이 움직이지 않아 사탄에게 당합니다.

마귀는 우리가 전신갑주를 입고 무기를 가지는 것까지는 허용합니다. 우리가 신앙생활 하는 것을 허용합니다. 그런데 마귀는 성도들로 하여금 영적으로 잠을 자도록 유혹합니다. 그래서 우리가 기도할 때, 마귀는 긴장합니다.

내 힘을 빼고
성령의 힘으로 기도하라

사도 바울은 그냥 기도하지 말고 "성령 안에서" 기도하라고 했습니다(엡 6:18). 사도 바울은 성령을 강조했습니다. 기도는 성령의 사역입니다. 성령은 기도의 영이십니다. 성령 안에서 기도하면 차원이 달라집니다. 성령이 도우셔야 제대로 기도할 수 있습니다. 우리가 성령 안에 있을 때 성령이 우리를 도우셔서 기도할 수 있습니다.

혼자 애쓰며 기도하는 것은 한계가 있습니다. 무조건 열심히 기도하는 것은 의미가 없습니다. 자신의 힘으로 열심을 내다 보면 지칩니다. 기도하는 것이 재미없습니다. 기도하려고 애쓰지만, 기도가 어렵게 느껴집니다. 기도는 어려운 것입니다. 사람들은 기도하려는 열망이 있어서 기도하려고 노력합니다. 그래서 기도 훈련을 받습니다. 그럼에도 기도하지 못하는 사람이 많습니다. 잠시 기도하는 것도 어려워합니다. 찬양하는 것은 좋은데, 기도하는 것은 어렵다고 생각합니다. 기도의 참맛을 경험하지 못했기 때문입니다.

성령은 우리로 하여금 온전히 기도하게 하십니다. 성령이 우리를 도우실 때 온전하게 기도할 수 있습니다. 성령은 우리의 기도를 적극적으로 도우십니다. 성령이 도와주실 때 기도의 불이 붙습니다. 그때 제대로 기도할 수 있습니다. 기도의 불이 붙는 것이 중요합니다. 기도의 불이 붙으면 기도하려고 힘쓰지 않아도 됩니다. 기도의 불이 붙은 교회는 자발적으로 기도합니다. 성령이 기도의 불을 활활 타오르게 하십니다.

성령을 의지하고 기도하다 보면 기도에 탄력이 붙는 것이 느껴질 때가 있습니다. 마치 성령이 내 혀를 움직이시는 것 같습니다. 하나님의 뜻대로 기도하도록 성령이 이끌어 가십니다. 시간 가는 줄 모르고 기도하게 됩니다. 이것이 기도의 불이 붙은 것입니다. 성령이 도우셔야 우리가 기도할 수 있습니다. 우리는 성령의 도우심을 의지해야 합니다.

"이와 같이 성령도 우리의 연약함을 도우시나니 우리는 마땅히 기도할 바를 알지 못하나 오직 성령이 말할 수 없는 탄식으로 우리를 위하여 친히 간구하시느니라" 롬 8:26

우리 안에 계신 성령이 우리의 기도를 도우십니다. 성령이 하나님의 뜻에 따라 간구하게 하십니다. 성령이 우리의 기도를 도우실 때, 우리의 기도는 방향을 올바르게 잡습니다. 성령이 우리의 기도를 이끄시면 우리가 생각한 것과 다르게 기도하게 됩니다.

그런데 성령이 우리의 기도를 이끌지 않으시는 경우가 있습니다. 우리가 혈과 육으로 기도할 때입니다. 자신의 욕심을 이루기 위해 기도할 때입니다. 그러므로 우리는 육체의 소욕을 내려놓고 기도해야 합니다. 그렇게 할 때 성령이 우리의 기도를 이끄십니다.

회개 기도가 중요합니다. 회개 기도는 자신이 붙잡은 것을 다 내려놓고 드리는 기도입니다. 우리 안에 있는 욕망을 비롯한 불순물을 모두 버리고 자신을 정결하고 거룩하게 할 때 하나님의 성령이 기도하게 하십니다. 성령의 도우심을 경험하려면 영적으로 민감해야 합니다. 성령의 음성에 귀 기울여야 합니다. 성령을 의존해야 합니다. 성령은 기도의 영이십니다.

그런데 사람들이 자신의 힘으로 기도하려고 하기 때문에 기도하는 것을 어려워합니다. 기도의 자리에서 성령의 도우심을 구하면 됩니다. 성령을 초청해야 합니다. 성령을 사모해야 합니다. 성령을 의지해야 합니다.

성령이 기도를 이끄시는 경험을 하면 놀라운 역사가 일어납니다. 성령이 기도를 이끄실 때 기도에 힘이 있습니다. 기도로 마귀를 제압할 수 있습니다. 마귀와 싸워 이기려면 마귀를 주목해서는 안 됩니다. 성령을 전적으로 의지해야 합니다. 성령의 뜻을 따라 기도해야 합니다. 성령의 뜻을 따라 기도하며 하나님을 의지할 때, 우리는 강해집니다. 우리가 강해지면, 마귀는 우리를 공격하지 못합니다. 우리가 전사이기 때문입니다.

성령 안에서
지속적으로 기도하라

성령 안에서 기도하는 것은 지속적으로 기도하는 것입니다. 영적 전쟁은 한 번으로 끝나지 않습니다. 시험은 마치 파도처럼 일평생 우리에게 다가옵니다. 예수님도 시험을 한 번 겪으신 것이 아닙니다. 마귀는 예수님을 계속 공격했습니다. 예수님이 십자가에 못 박히실 때까지 마귀는 예수님을 시험했습니다. 우리가 이 땅에서 사는 동안 마귀는 우리를 계속 공격할 것입니다. 영적 전쟁은 일평생 계속됩니다. 그러므로 한 번 기도하고 끝내서는 안 됩니다. 우리는 일평생 지속적으로 기도해야 합니다.

일관성 있게 신앙생활 하는 것이 중요합니다. 마귀는 우리가 넘어질 때까지 일관성 있게 공격합니다. 사도 바울은 "항상 성령 안에서 기도하고"(엡 6:18)라고 말했습니다. 기도를 쉬어서는 안 됩니다. 마귀가 쉬지 않고 우리를 공격하기 때문입니다. 그러므로 우리는 깨어서 계속 기도해야 합니다. 한 번 은혜 받은 것으로, 한두 번 뜨겁게 기도한 것으로 만족해서는 안 됩니다.

우리는 오늘의 승리를 내일의 승리로 이어 가야 합니다. 영적 경주에서 마지막까지 완주해야 합니다. 방심해서는 안 됩니다. 영적 생활에서도 성실이 중요합니다. 비가 오든, 눈이 오든 기도의 자리를 지켜야 합니다. 성령 안에서 꾸준히 기도하면 우리에게 능력이 주어집니다. 기도하는 사람에게 하나님은 영적 권세를 주십니다. 영적 권세가 있으면, 마귀는 우리를 공격하지 못합니다. 그러나 약해져 있으면 마귀가 달려들어 공격합니다.

영적으로 깨어 있는 사람은 성령 안에서 기도합니다. 성령 안에서 기도하는 사람은 지속적으로 기도할 수 있습니다. 기도의 자세가 흐트러지지 않는 사람이 영적 전사입니다. 영적 장수는 한결같습니다. 영적 파수꾼입니다.

가정에 영적 파수꾼이 있어야 합니다. 마귀가 공격하지 못하도록 경계 태세를 갖추고 가정을 지키는 영적 파수꾼이 있어야 합니다. 기도하는 사람이 없는 것은 방어선이 무너진 것과 같습니다. 영적 파수꾼이 있는 가정은 영적 전쟁에서 이깁니다. 영적 파수꾼이 있는 민족은 승리합니다. 나라와 민족을 비롯해 교회와 소그룹 등에도 영적 파수꾼이 있어야 합니다. 망루에서 쉬지 않고 기도하는 사람이 있을 때 하나님은 그 땅을 보호하십니다. 그러므로 정세를 살피기 위해, 적의 동태를 파악하기 위해 망루에 올라가야 합니다.

하나님의 뜻에
초점을 맞춰 기도하라

성령 안에서 기도하는 것은 단순히 뜨겁게 기도하는 것이 아닙니다. 영적으로 초점을 맞추고 기도하는 것입니다. 무엇을 기도해야 하는지 정확하게 알고 기도해야 합니다. 하나님의 뜻에 맞게 기도해야 합니다. 애매모호하게 기도해서는 안 됩니다. 과녁을 맞히듯 정확하게 기도해야 합니다. 강한 전사가 되어야 합니다. 기도는 갑옷 속에 감추어진 비밀 병기와 같습니다. 기도는 감추어져 있지만, 기도의 힘은 놀랍습니다. 그러므로 기도가 업그레이드되어야 우리의 삶이 업그레이드됩니다. 성령 안에서 기도의 힘을 경험하면 우리의 신앙이 달라집니다.

우리의 신앙이 성장하는 때가 있습니다. 하나님의 말씀에 눈이 열릴 때가 있습니다. 마치 성경에 기록된 글자가 튀어나오는 듯합니다. 누가복음 24장에서 예수님의 두 제자가 엠마오 마을로 가다가 예수님을 만났습니다. 예수님은 그들에게 성경 말씀을 설명해 주셨습니다. 마을에 도착해 예수님이 떡을 가지고 축사하신 후 그들에게 주실 때 그들의 눈이 밝아져 예수님을 알아보았습니다.

오늘날 우리에게도 이런 역사가 일어나야 합니다. 하나님의 말씀에 눈이 열려야 합니다. 기도의 문이 열려야 합니다. 성령이 우리의 기도를 이끌어 주셔야 합니다. 기도가 분명해져야 합니다. 기도할수록 머리가 맑아져야 합니다. 무엇을 기도해야 하는지 분명하게 알고 기도해야 합니다. 주변에서 일어나는 일을 올바르게 보는 혜안을 하나님이 우리에게 주셔서 우리가 바르게 결정하고 선택할 수 있어야 합니다. 바른 목표를 가지고 나아가야 합니다. 사탄이 어떻게 공격하는지를 깨달아 기도로 무장해 마귀의 공격을 이겨 내야 합니다.

다시 기도에
승부를 걸라

기도는 마귀를 공격하는 가장 강력한 화력을 가지고 있습니다. 그러므로 우리가 성령 안에서 깨어 기도할 때, 마귀는 꼼짝하지 못합니다. 기도가 답입니다. 기도하면, 우리가 넘지 못할 산은 없습니다. 건너지 못할 강이 없습니다. 고난과 시험이 문제가 아닙니다. 돌이켜 보면 고난 없는 때가 없었고, 시험 없이 신앙생활한 때가 없었습니다. 앞으로도 마찬가지일 것입니다. 고난과 시험은 문제가 아닙니다. 기도하는 것을 소홀히 여기기 때문에, 깨어 기도하지 않기 때문에 고통을 당합니다. 시험으로 인해 넘어져 신음하는 것이 아니라, 하나님께 부르짖어야 합니다.

한국 교회의 최대 강점은 기도라고 할 수 있습니다. 이것은 세계 교회가 인정하는 바입니다. 그런데 오늘날 잘살게 되면서 한국 교회의 기도가 약해졌습니다. 기도가 약해지자 한국 교회가 약해졌습니다. 예전에는 어려운 일이 있으면 산에 올라가 나무를 붙잡고 기도했습니다. 나무뿌리를 뽑을 듯이 힘 있게 기도했습니다. 기도에 승부를 걸었습니다. 금식하며 기도했습니다. 어려운 일을 기도로 해결하려고 했습니다. 이것이 한국 교회의 영적 DNA입니다.

머리 쓴다고 문제가 해결되는 것이 아닙니다. 하나님이 도우셔야 합니다. 기도해야 살아납니다. 답은 하나뿐입니다. 기도해야 합니다. 에베소서 6장에서 사도 바울이 말한 전신갑주를 다 갖추었다 해도, 깨어 있지 않으면 전신갑주는 무용지물입니다. 깨어 기도해야 합니다. 깨어 기도하는 것이 영적 전쟁의 핵심입니다.

성령 안에서 성령의 도우심을 의지해 기도해야 합니다.

성령 안에서 깨어 기도하면, 마귀는 우리의 상대가 될 수 없습니다. 예수님이 이미 마귀를 이기셨기 때문입니다. 우리가 예수님께 속해 있고 예수님을 의지하면, 하나님은 우리로 하여금 마귀를 이기게 하십니다. 그러므로 마귀는 아무것도 아닙니다. 우리는 기도로 무장하기만 하면 됩니다. 일관성 있게 기도하는 것이 기도로 무장하는 것입니다.

일상 속에서 성령의 도우심을 구하십시오. 무슨 일을 하든 먼저 기도하십시오. 무슨 일이든 기도하지 않고 결정해서는 안 됩니다. 하나님을 바라보며 깨어 기도할 때 하나님이 우리를 승리하게 하실 것입니다. 그때 우리의 삶도 풍요로워집니다. 그러나 우리가 마귀에게 지면, 우리의 삶은 초라해집니다. 우리는 그리스도인이요 하나님의 자녀이지만, 하나님이 주신 것을 마귀에게 많이 빼앗겼습니다.

이제 우리는 앞으로 나아가야 합니다. 기도의 불을 붙여야 합니다. 성령 안에서 깨어 기도해야 합니다. 마귀의 공격을 멸해야 합니다. 적극적으로 기도해야 합니다. 그때 하나님이 우리의 삶을 부요하게 하실 것입니다. 우리를 통해 하나님의 나라가 확장될 것입니다. 우리는 반드시 승리할 것입니다. 우리는 승리를 확신해야 합니다. 우리는 질 이유가 없습니다. 우리는 반드시 이깁니다.

하나님은 우리를 전신갑주로 무장하게 하시고, 우리의 손에 성령의 검을 쥐어 주셨습니다. 그리고 기도라는 비밀 병기를 우리에게 주셨습니다. 우리의 기도로 인해 마귀가 도망갈 것입니다. 그때 우리는 마귀에게 빼앗긴 전리품을 되찾아 하나님께 올려 드리게 될 것입니다.

성령으로 기도하는 삶을 위한
기도문

항상 기도하신 예수님처럼
항상 기도했던 제자들처럼
항상 기도했던 성도들처럼
항상 기도하는 사람이 되길 원합니다

개인의 간구를 넘어
편협한 사고를 넘어
하나님의 눈으로 바라보며 기도하게 하소서

사람과 대화하며
일상을 살아가며
세상을 바라보며
기도해야 할 것을 발견하게 하소서

항상 성령 안에서 기도하고
항상 성령 안에서 깨어 있고
항상 성령 안에서 힘쓰며

항상 성령 안에서 여러 성도를 위해 구하게 하소서

우리의 기도가 넓어지고
우리의 기도가 깊어지고
우리의 기도가 명확하게
하나님의 뜻을 이 땅에서 이루어 가게 하소서

매 순간 하나님을 바라보는 삶이 되길 소망합니다
매 순간 하나님의 뜻을 이 땅에 이루는 삶이 되길
소망합니다
매 순간 하나님을 예배하는 사람이 되길 소망합니다
매 순간 하나님께 기도하는 자리를 지키는 사람이 되길
소망합니다

기도에 민감하면
문제 앞에 담대하다

마가복음 14:32-42

³² 그들이 겟세마네라 하는 곳에 이르매 예수께서 제자들에게 이르시되 내가 기도할 동안에 너희는 여기 앉아 있으라 하시고

³³ 베드로와 야고보와 요한을 데리고 가실새 심히 놀라시며 슬퍼하사

³⁴ 말씀하시되 내 마음이 심히 고민하여 죽게 되었으니 너희는 여기 머물러 깨어 있으라 하시고

³⁵ 조금 나아가사 땅에 엎드리어 될 수 있는 대로 이때가 자기에게서 지나가기를 구하여

³⁶ 이르시되 아빠 아버지여 아버지께는 모든 것이 가능하오니 이 잔을 내게서 옮기시옵소서 그러나 나의 원대로 마시옵고 아버지의 원대로 하옵소서 하시고

³⁷ 돌아오사 제자들이 자는 것을 보시고 베드로에게 말씀하시되 시몬아 자느냐 네가 한 시간도 깨어 있을 수 없더냐

38 시험에 들지 않게 깨어 있어 기도하라 마음에는 원이로
되 육신이 약하도다 하시고

39 다시 나아가 동일한 말씀으로 기도하시고

40 다시 오사 보신즉 그들이 자니 이는 그들의 눈이 심히
피곤함이라 그들이 예수께 무엇으로 대답할 줄을 알지
못하더라

41 세 번째 오사 그들에게 이르시되 이제는 자고 쉬라 그
만 되었다 때가 왔도다 보라 인자가 죄인의 손에 팔리
느니라

42 일어나라 함께 가자 보라 나를 파는 자가 가까이 왔느
니라

제자들의 실패는
기도의 실패다

예수님은 변화산에 가실 때도, 겟세마네 동산에 가실 때도 베드로와 야고보, 요한을 따로 데리고 가셨습니다. 변화산에서는 예수님의 모습이 영광스럽게 변했기 때문에 제자들이 참 황홀해했습니다. 그러나 겟세마네 동산에서는 고뇌하며 고통 속에서 절규하시는 그리스도의 모습을 보게 되었습니다.

주님이 특별히 베드로와 야고보, 요한을 데리고 겟세마네 동산에 가신 이유가 무엇일까요?

첫째, 다가올 고난을 준비하기 위해서 제자들을 데리고 가셨습니다. 십자가 사건은 예수님께도 큰 시련의 시간이지만 제자들에게도 동일하게 어려운 시간입니다. 다가올 환난을 영적으로 준비하도록 그들을 데리고 가셨습니다.

둘째, 제자들에게 기도를 가르쳐 주시기 위함입니다. 예수님의 공생애 출발도 기도, 마침도 기도입니다. 예수님의 생애는 기도를 빼고 이야기할 수 없습니다.

셋째, 지금 힘든 시간을 보내고 계시는 예수님 곁에 있는 제자들의 역할이 중요했습니다. 제자들이 주님의 고난에 동참하고 기도로 마음을 모아야 할 시간이었습니다. 함께 기도함으로 다가올 어려움을 이기도록 하시기 위해 예수님은 그들을 데려가셨습니다.

겟세마네 동산에서 예수님과 제자들이 보인 모습은 매우 대조적입니다. 예수님은 겟세마네에서 기도로 승리하셨지만, 제자들은 무참하게 무너집니다. 제자들의 실패는 곧 기도의 실패라고 할 수 있습니다. 주님은 제자들에게 "시험에 들지 않게 깨어 있어 기도하라"(막 14:38)라고 말씀하십니다. 그리고 한 번 더 잠을 자는 제자들에게 가서 깨우시고는 기도하라고 말씀하십니다. 그래도 제자들은 잠이 듭니다. '겟세마네'라는 이름은 '기름 짜는 틀'이라는 의미가 있습니다. 예수님은 지금 마치 기름을 짜듯이 쥐어짜는 고통의 시간을 보내고 계십니다. 그에 반해 제자들은 힘없이 잠을 자는 모습을 보여 줍니다.

사실 기도의 자리가 참 중요합니다. 마귀가 노리는 것도 하나님의 백성이 기도하지 못하게 하는 것입니다. 기도하지 못하면 결국 실패하게 됩니다. 그리스도인이 실패한 모든 자리에는 틀림없이 기도가 없습니다. 기도가 약해지면 시험이 다가오게 됩니다. '기도'와 '시험'은 항상 연결되어 있는 단어입니다. 기도에 실패한 제자들은 나중에 혹독한 대가를 지불하게 됩니다.

왜 깨어
기도하지 못했을까

왜 제자들은 깨어 기도하지 못했을까요? 주님은 결정적인 요인으로 "시험에 들지 않게 깨어 있어 기도하라 마음에는 원이로되 육신이 약하도다"(막 14:38)라고 말씀하십니다. 주님이 제자들을 보시면서 안타까운 마음으로 하신 말씀입니다. 예수님은 인간의 연약함을 알고 이해하십니다. 예수님이 너무 안타까워서 하신 말씀임을 기억해야 합니다. 이 말씀을 인간의 약함을 정당화하는 데 써서는 안 됩니다.

베드로는 예수님 앞에 큰소리를 많이 친 인물입니다. 아마 베드로는 자기 자신이 이렇게 무참하게 무너져 잠을 잘 것이라고는 생각하지 않았을 것입니다. 게다가 그는 십자가의 길에서 예수님을 부인하는 연약함까지 보입니다. 큰소리치며 장담하던 베드로가 힘없이 무너집니다. 이것이 바로 그릇된 자신감입니다.

큰소리를 칠 때는 뭘 모를 때입니다. 무지몽매할 때 큰소리를 치게 됩니다. 지나친 자기 과신입니다. 베드로가 얼마나 열심이었습니까. 그런데 열심보다 중요한 것은 자기 자신을 바로 아는 것입니다. 누가 깨어 있을 수 있을까요? 자신이 얼마나 연약한 존재인가를 깨닫는 사람입니다. 누가 기도할 수 있을까요? 자신의 연약함을 인정하는 사람입니다.

"마음에는 원이로되 육신이 약하도다"라는 말씀은 제자들이 마음의 원함보다 몸의 요구를 따르고 있다는 의미입니다. 그들의 몸은 아직 훈련이 안 되어 있었습니다. 훈련하는 이유가 무엇입니까? 몸과 마음의 일치를 위해서입니다. 마음이 가는 곳에 몸도 가야 합니다. 이것이 하루아침에 되는 것은 아닙니다. 마음은 기도하고 싶은데 몸이 따라 주지 않는다면 아직 성화된 몸이라고 말할 수 없습니다.

"내가 원하는 바 선은 행하지 아니하고 도리어 원하지 아니하는 바 악을 행하는도다 만일 내가 원하지 아니하는 그것을 하면 이를 행하는 자는 내가 아니요 내 속에 거하는 죄

니라"롬 7:19-20

선을 행하고 싶은데 악을 행하고 있는 모습입니다. 죄를 짓지 않겠다면서도 죄를 짓고 살아가는 모습입니다. 내 몸이 마음대로 움직이지 않는다면 내 몸이라고 말할 수 없습니다. 마음의 원함보다 몸의 원함이 더 강하면 몸의 지배를 받고 사는 것입니다.

육체의 문제가 아니라
영의 문제

우리의 몸은 언제나 육체의 소욕을 따라 움직이려는 성향이 있습니다. 육체의 소욕에 지배를 받으면 육체의 열매를 맺을 수밖에 없습니다. 갈라디아서에서 바울은 성령과 육체의 소욕이 자기 안에서 싸우고 있다고 말합니다(갈 5:17). 몸이 성령의 지배를 받도록 지속적으로 훈련하지 않으면 무기력한 몸, 사고뭉치의 몸이 되고 맙니다.

주님은 제자들에게 앉아 있으라고 하셨는데, 제자들은 얼마 못가서 드러누워 버렸습니다. 자신이 원하는 대로 몸을 다룰 수 없는 것입니다. 물론 피곤했을 것입니다. 그러나 지금은 비상 상황이기에 피곤하지만 깨어 기도해야 합니다. 그런데 그들은 육체의 한계에 갇혀 일어나지 못합니다. 그들은 바닷가에서 고기잡이로 잔뼈가 굵은 사람들이었습니다. 몸으로만 따진다면 예수님이 더 피곤하셨을 것입니다.

수면욕은 강력합니다. 때로는 예배 때도 잠을 잘 수 있습니다. 누구나 잠깐 졸 수 있습니다. 그런데 매 주일 예배 때 항상 졸고 있다면 육체의 문제가 아닌 영적인 문제입니다. 영적으로 훈련된 몸은 기도해야 할 때 기도합니다. 훈련된 몸은 몸이 원하는 대로 끌려가지 않습니다. 잠든 영혼을 깨워 자신의 몸을 의지적으로 기도의 자리에 나가게 합니다. 경건이 몸에 배어 있는 삶입니다. 경건의 능력은 지속적인 노력을 통해 몸에 영적인 습관이 잡혀 있어야 나타납니다.

"경건의 모양은 있으나 경건의 능력은 부인하니 이 같은 자들에게서 네가 돌아서라" 딤후 3:5

요즘 다양한 형태의 중독 환자들이 많습니다. 중독이 무엇입니까? 자기 몸과 마음이 따로 노는 것입니다. 나는 안 해야겠다고 생각하는데, 몸이 안 따라 줍니다. 연초마다 술과 담배를 끊겠다고 작정하지만 실패를 반복합니다. 육체의 만족을 추구하는 일에 길들여진 몸으로는 이겨 내기가 힘듭니다. 마음은 원하지만 몸이 말을 안 듣습니다. 결국 마음도 몸도 같이 망가지게 됩니다.

몸이 마음을 따라가고 있습니까, 마음이 몸을 따라가고 있습니까? 인생의 두 갈래 길입니다. 결국 "마음에는 원이로되 육신이 약하도다"라는 말씀의 진의는 영적으로 약하다는 이야기입니다. 영이 육을 이기지 못하고 살아가는 제자들의 모습을 지적하신 것입니다.

삶의 변화는 갑자기 일어나지 않습니다. 일상에서 꾸준히 영성을 닦아 가야 합니다. 경건이 자기 몸에 배어 가도록 지속적인 훈련이 필요합니다. 몸은 결코 우리 마음대로 움직여지지 않습니다. 신앙생활을 오래했다고 변화가 일어나는 것도 아닙니다. 그동안은 신앙생활을 주로 교회생활로만 생각하는 경향이 많았습니다. "신앙생활 잘하시네요?"라는 말이 신앙의 외적인 행위에 집중되어 있었습니다. 외적인 활동으로만 본다면 바리새인들이 얼마나 훌륭했습니까.

경건이란 어떤 행위가 아닙니다. 바로 하나님의 임재 안에 살아가는 삶입니다. 지금 제자들은 몸 따로, 마음 따로입니다. 그들은 깨어 기도해야 할 때 기도하지 못했습니다. 육체적인 문제가 아닌, 결국 영적인 문제였습니다.

우리가 하나님의 백성답게 살아가려면 죄의 지배를 받는 몸의 요구에 저항해야 합니다. 육체의 소욕이 아니라 성령의 지배 아래 있도록 힘을 써야 합니다. 마음의 소원은 너무 훌륭합니다. 그런데 그것을 몸으로 살아 내는 일상이 없다면, 마음의 소원은 아무 의미가 없습니다. 영적인 실력은 몸과 마음을 일치시키는 것입니다. 마음의 원함을 따라 살아가는 몸이 될 수 있게 하는 것이 우리 신앙의 목적입니다. 경건의 훈련에 초점을 맞춰야 합니다. 우리의 원함이 원함으로 그치지 않고 행함으로 바뀌는 역사는 기도를 통해서 일어납니다.

영적인 무지는
나에게만 집중하게 한다

제자들이 깨어 기도하지 못했던 또 다른 이유는 무엇일까요? 예수님과 제자들 사이의 거리를 생각해 볼 필요가 있습니다. 얼마나 떨어져 있기에 예수님이 그처럼 간절히 기도하시는데도 제자들이 몰랐을까요? 성경은 "그들을 떠나 돌 던질 만큼 가서 무릎을 꿇고 기도하여"(눅 22:41)라고 당시 상황을 설명합니다. 그렇게 먼 거리는 아니었습니다.

예수님은 지금 의례적인 기도를 드리시는 것이 아닙니다. 통곡과 눈물로 그 동산을 채우고 계십니다. 그 기도는 평소와 달랐습니다. 십자가를 목전에 둔 기도입니다. 제자라면 예수님의 그 기도에 반응했어야 합니다. 땀방울이 핏방울같이 되었을 정도면 느꼈어야 했습니다.

예민하게 반응해야 할 때 제자들은 잠을 잤습니다. 돌 던질 정도의 거리에서 스승이 절규하며 기도하는데 무반응이라니 이상합니다. 예수 그리스도는 십자가의 길을 걷고 계시지만, 제자들은 십자가와 상관없는 길을 걷고 있습니다. 핵심은 무엇일까요? 영적인 무지입니다. 영적인 무지는 영적인 무감각을 가져옵니다. 영적으로 무감각한 상태에서는 그리스도와의 관계가 이미 단절되어 있습니다. 영적 무지는 눈을 가립니다. 무슨 일이 일어나는지 모릅니다.

제자들은 예수님의 십자가를 받아들이지 못했기 때문에 상황을 파악하지 못했습니다. 예수님은 계속 십자가를 말씀하셨지만, 제자들은 십자가를 부정했습니다. 제자들의 결정적인 문제는 십자가에 대한 부정입니다. 예수님이 왜 그렇게 간절하게 기도하셨는지, 왜 그들을 깨우셨는지 알지 못했습니다. 제자들은 주님을 따르고 있었지만 그들 안에는 세속적인 생각이 가득했습니다.

십자가를 놓치면 다른 길을 걷게 됩니다. 십자가를 이해하지 못하면 예수님과 동행할 수 없습니다. 신앙은 우리의 각오나 정신적인 각성만으로 되는 일이 아닙니다. 제자들은 이스라엘의 회복이 속히 오기를 꿈꾸고 있습니다. 빵의 메시아를 찾은 것입니다. 제자들은 십자가의 길에서 멀어져 있습니다. 예수님의 말씀을 알아듣지 못했습니다. 잠을 잔다는 것은 결국 영적 무지입니다. 다르게 표현하면, 그리스도의 십자가에 대한 부정입니다.

중요한 기준은 십자가입니다. 현실의 삶을 살다 보면 십자가는 사라져 버립니다. 형통의 복음에 취하면 십자가와 나는 상관이 없습니다. 그런 예수가 별로 매력적이지 않습니다. 십자가에서 멀어지면 자기 자신에 매몰되어 버립니다. 배가 부르면 영혼은 잠들 수밖에 없습니다.

오늘도 마귀가 거는 시험이 무엇입니까? 십자가를 거부하라는 것 아닙니까. 십자가 말고 다른 길로 가라고 속삭입니다. 마귀가 예수님께 돌들이 떡이 되게 만들어 보라고 한 것도 빵의 메시아가 되라는 의미입니다. 배가 고프면 배고픔을 해결해야 하는 것은 지극히 당연하고 논리적으로 들립니다.

오늘도 십자가는 우리에게 부담이 됩니다. 예수 그리스도를 믿는 길은 넓은 길이 아닌 좁은 길이기 때문입니다. 신앙생활을 하다 보면 나도 모르게 잠들 때가 있습니다. 무서운 것은 영적인 잠입니다. 영적인 잠에 빠지면 내 주변에서 무슨 일이 일어나는지 모릅니다. 가장 무서운 상태입니다. 위기를 위기로 느끼지 못하게 됩니다. 결국 그 상황에 적절한 행동을 하지 못하게 됩니다. 지금 제자들의 모습입니다. 그들은 기도해야 할 때 기도하지 못했습니다.

오늘날 사람들은 자신에 대한 문제는 지나칠 정도로 예민하지만, 그리스도에 대해서는 무관심합니다. 주님이 왜 저토록 고뇌에 찬 기도를 드리시는지 전혀 모릅니다. 좋은 길이 있는데 왜 지금 저렇게 죽는다는 말씀을 계속하시느냐고 오히려 답답해합니다. 영적인 무지가 무섭습니다. 제자들은 예수님이 고통 속에 절규하시는 기도를 듣지 못하고 깊은 잠에 빠졌습니다. 제자들의 모습을 보며 우리 자신을 돌아보아야 합니다. 혹시 영적인 무지로 오직 나 자신의 문제에만 빠져 허우적거리고 있지는 않은지 확인해 보아야 합니다.

시험은
기도하지 않을 때 온다

주님은 잠든 제자들을 계속 깨우십니다.

"돌아오사 제자들이 자는 것을 보시고 베드로에게 말씀하시되 시몬아 자느냐 네가 한 시간도 깨어 있을 수 없더냐" 막 14:37

주님이 무리한 요구를 하신 것이 아닙니다. 한 시간이라도 깨어 있으라고 말씀하셨습니다. 시험은 언제 찾아옵니까? 깨어 기도하지 않을 때입니다. 깨어 있는 동안에는 수많은 시험이 그냥 지나갑니다. 그러나 잠들어 있는 동안에는 속수무책입니다.

시험에 들기 전 전조 증상이 있습니다. 기도가 전혀 없다는 것입니다. 기도를 하더라도 형식적으로 대충 합니다. 깨어 있지 않다는 것은 영적으로 민감하지 않은 상태를 말합니다. 영적으로 둔감하면 지금 무슨 일이 일어나고 있는지 알 수가 없습니다. 불이 나서 경보음이 울리는데 못 들으면 큰 사고가 나고 맙니다. 신자가 시험에 들면 결국 혹독한 대가를 치릅니다. 때로는 타락으로 인해 삶 전체가 무너져 버리기도 합니다.

문제가 터지기 전에 기도해야 합니다. 이것이 겟세마네 동산에서의 사건이 우리에게 주는 핵심적인 메시지 중의 하나입니다. 기도는 사후 처리 방식이 아닙니다. 사전 방지를 위해 기도해야 합니다.

기도의 사인을 주실 때
놓치지 말라

"세 번째 오사 그들에게 이르시되 이제는 자고 쉬라 그만 되었
다 때가 왔도다 보라 인자가 죄인의 손에 팔리느니라 일어나
라 함께 가자 보라 나를 파는 자가 가까이 왔느니라" 막 14:41-42

이제 상황이 끝났습니다. 상황이 닥치면 기도할 수가 없습니
다. 상황이 나를 끌고 가기 때문입니다. 중요한 것은 타이밍입니
다. 상황이 지나고 기도하는 것은 의미가 없습니다. 문제가 터지
고 난 다음에는 기도하기가 어렵습니다. 터지기 전에 대비하는
것, 그것이 기도의 역할입니다. 제자들은 기도하기 딱 좋은 시간
과 장소에서 실패하고 말았습니다.

살다 보면 하나님이 기도하라는 사인을 주실 때가 있습니다.
어떤 사건과 문제가 일어나기 전에 기도의 부담을 주실 때가 있
습니다. 그때는 미루지 말고 기도해야 합니다. 기도를 하다 보면
시험이 그냥 지나가 버립니다. 때를 놓치면 나중에 후회하게 됩
니다. 그다음 잠든 나를 깨우는 것은 혹독한 시련의 바람입니다.
그때는 기도하고 싶어도 할 수가 없습니다. 스스로 통제할 수 없
는 상황에 밀려 떠다녀야 합니다.

기도는 성령의 도우심을 필요로 합니다. 성령은 우리를 기도하게 하시되 기도에 민감하게 하시고, 기도의 때를 알게 하시고, 사건과 문제가 일어나기 전에 기도하게 하심으로 위기를 뛰어넘게 하십니다. 이제 가룟 유다와 대제사장의 무리가 예수님을 체포하러 왔습니다. 하나님의 아들과 사탄이 충돌하는 거대한 현장입니다. 가룟 유다가 배신자의 모습으로 스승에게 다가오고 있습니다.

말씀을 붙든
기도로 나아가라

주님은 잠을 자는 제자들을 그대로 내버려 두지 않으시고 "일어나라 함께 가자"(막 14:42)라고 말씀하십니다. 그들이 누구입니까? 곧 예수를 두고 도망칠 제자들입니다. 한마디로, 기대할 것이 없는 제자들입니다. 인간적으로 생각하면 관계 정리를 하고 끝낼 수준입니다. 그러나 주님은 그들을 버리지 아니하시고 십자가 사건 이후에도 다시 찾아 주십니다.

이미 주님은 마가복음 14:28에서 "내가 살아난 후에 너희보다 먼저 갈릴리로 가리라"라고 말씀하셨습니다. 갈릴리는 어떤 곳입니까? 제자들이 도망친 곳입니다. 제자들은 주님을 버렸지만,

주님은 제자들을 버리지 않으셨습니다.

겟세마네 동산에 있던 제자들은 너무도 무기력하고 연약합니다. 마지막까지 실패하고, 결정적인 순간에도 예수님을 배신하고 부인하며 도망칩니다. 사실 이 제자들의 모습이 우리의 모습 아닙니까? 제자들만 보면 소망이 없습니다. 그러나 포기하지 않으시는 주님이 계시기에 소망이 있습니다.

우리는 우리 자신에 대해 절망할 때가 많습니다. 그러나 절망이 깊어질수록 오직 주님만 의지해야 함을 알게 됩니다. 우리는 하나님의 은혜를 구해야 합니다. 하나님이 우리를 붙들어 주지 않으셨다면 우리는 여기까지 올 수 없었습니다. 자고 또 자는 제자들을 다시 일으켜 세우시고 만나 주시고 회복시키신 주님, 그 주님이 계시기에 오늘 우리가 있습니다.

겟세마네 동산에서 주님이 "시험에 들지 않게 깨어 있어 기도하라"(막 14:38)라고 하신 말씀은 신약 시대를 살아가는 우리 모두에게도 여전히 동일한 음성입니다. 깨어 있지 않으면 우리도 예수님을 얼마든지 부인할 수 있습니다. 그뿐 아니라 예수님을 팔아먹을 수도 있습니다.

깨어 있는 신앙, 깨어 있는 기도생활은 결코 쉽지 않습니다. 나도 모르게 잠이 듭니다. 그래서 날마다 나의 영적인 상태를 확인하고 점검해야 합니다. 특별히 우리 마음의 소원대로 따라갈 수 있는 성화된 몸으로 훈련되어야 합니다. 경건의 능력이 몸에 배야 합니다. 그리스도의 십자가가 우리의 기준이 되어야 합니다. 세상의 유혹과 시험에 저항하고 주님이 오실 날을 기다리는 깨어 있는 신자가 되는 길은 말씀을 붙든 기도밖에 없습니다. 주님의 이름으로 서기 위해 기도의 자리를 끝까지 지켜야 합니다.

깨어 기도하는 삶을 위한 기도문

중요한 선택의 순간
중요한 고민의 순간에도
깨어 기도하신 예수님을 바라봅니다

심히 놀라고 슬퍼하심으로
무거운 마음을 가지고
아빠 아버지이신 하나님께 나아가
육체의 무너짐을 이기고
깨어 기도하신 예수님을 바라봅니다

나의 힘을 붙들고
나의 물질을 붙들고
나의 능력을 붙들고
나의 명예를 붙들고
나의 권력을 붙들고
나의 자랑을 붙들고

기도하지 않게 하소서

힘든 이 땅의 삶에서
항상 깨어 있게 하사
영적으로 잠들지 않고
몸과 마음을 온전히 다하여
모든 것이 가능하신
아빠 아버지께 나아가 기도하게 하소서

하나님의 임재 안에서
우리의 원함이 원함으로 머물지 않고
행함으로 나타나게 하소서

나의 뜻을 이루는 기도가 아니라
아버지의 뜻을 이루는 기도가 되도록
성령 안에서 깨어 기도하게 하소서

영적 무지를 넘어
나의 각오를 넘어
나의 게으름을 넘어
깨어 기도하게 하사
십자가를 바라보며 기도하신
예수님을 바라보게 하소서

4장

인내의 기도

집요하고 끈질긴 기도가
삶을 바꾼다

마태복음 7:7-11

7 구하라 그리하면 너희에게 주실 것이요 찾으라 그리하면 찾아낼 것이요 문을 두드리라 그리하면 너희에게 열릴 것이니

8 구하는 이마다 받을 것이요 찾는 이는 찾아낼 것이요 두드리는 이에게는 열릴 것이니라

9 너희 중에 누가 아들이 떡을 달라 하는데 돌을 주며

10 생선을 달라 하는데 뱀을 줄 사람이 있겠느냐

11 너희가 악한 자라도 좋은 것으로 자식에게 줄 줄 알거든 하물며 하늘에 계신 너희 아버지께서 구하는 자에게 좋은 것으로 주시지 않겠느냐

성경은 기도의 책입니다. 성경에는 기도에 대한 이야기가 가득합니다. 성경에서 기도를 빼면 의미가 없습니다. 우리는 기도를 통해 하나님께 나아가고, 하나님께 집중합니다. 신앙은 기도라고 할 수 있습니다. 기도하지 않은 채 신앙생활을 제대로 할 수 없습니다.

예수님은 "구하라 그리하면 너희에게 주실 것이요 찾으라 그리하면 찾아낼 것이요 문을 두드리라 그리하면 너희에게 열릴 것이니 구하는 이마다 받을 것이요 찾는 이는 찾아낼 것이요 두드리는 이에게는 열릴 것이니라"(마 7:7-8)라고 말씀하셨습니다. 구하는 데에서 그치면 안 됩니다. 찾아야 합니다. 두드려야 합니다. 구하고 찾고 두드리면 기도의 놀라운 비밀을 발견할 수 있습니다.

삶의 모든 것이 기도 응답이다.
구하라!

첫째, 예수님은 "구하라 그리하면 너희에게 주실 것이요"라고 말씀하셨습니다.

사람은 한계가 있기에 필요를 느끼며 삽니다. 사람은 일평생 필요를 느끼며 살아가는 존재라고 해도 과언이 아닙니다. 그런데 자신의 힘으로는 필요를 모두 채우지 못합니다. 그러므로 사람은 하나님께 구해야 합니다. 우리는 살아가면서 하나님을 통해 필요를 채우는 법을 배워야 합니다. 이것이 우리가 복되게 살아가는 비결입니다.

자신의 힘과 재주와 능력으로 필요를 해결하려 하고, 그것에 익숙해지면 기도하는 법을 배울 수 없습니다. 자신의 힘과 재주로 필요를 해결하는 데는 한계가 있습니다. 그럼에도 그 한계를 인정하지 않고 자신의 힘과 능력으로 필요를 채우려다 보면 인생이 험해집니다. 무엇이 필요하든 하나님께 구하는 훈련을 어릴 적부터 해야 합니다. 하나님을 통해 필요를 채우는 법을 훈련해야 하고, 그것에 익숙해져야 합니다.

예수님은 "구하라"고 말씀하셨습니다. 구하는 것은 기도의 기본입니다. "구하라 그리하면 너희에게 주실 것이요"라는 말씀은 우리가 구해야 하나님이 주신다는 의미입니다. 하나님은 그냥 주시는 것이 아니라, 구하는 사람에게 주십니다. 그러므로 구하는 행위가 매우 중요합니다.

물론 하나님은 직접 행하실 수 있습니다. 그러나 하나님은 우리의 기도를 사용하시고, 우리의 기도를 통해 역사를 이루십니다. 하나님은 우리의 기도를 통해 하나님의 능력과 영광이 드러나기를 원하십니다. 하나님은 우리가 기도하기를 기다리십니다.

예수님이 우리에게 "구하라"고 하신 데에는 하나님과 우리의 관계가 전제되어 있습니다. 우리는 구하는 존재이고, 하나님은 우리가 구하는 것을 주시는 분입니다. 예수님은 "너희가 악한 자라도 좋은 것으로 자식에게 줄 줄 알거든 하물며 하늘에 계신 너희 아버지께서 구하는 자에게 좋은 것으로 주시지 않겠느냐"(마 7:11)라고 말씀하셨습니다. 예수님은 '악한 자'와 '하늘에 계신 아버지'를 대조하여 이야기하셨습니다. 누구에게 구하느냐가 중요합니다.

자녀가 아버지에게 자신의 필요를 구하는 것은 당연합니다. '이것을 구해도 되나' 하고 심각하게 생각할 이유가 없습니다. 아버지이기 때문입니다. 아버지와 자녀는 스스럼없는 관계여야 합니다. 아버지를 의심해서는 안 됩니다.

우리는 하나님 아버지께 우리의 형편과 처지를 정직하고 솔직하게 드러내야 합니다. 감정과 상태를 고려하거나 복잡하게 생각하지 말고, 마치 어린아이가 부모에게 구하듯이 하나님께 구해야 합니다. 무엇이든 당당하게 구하기 바랍니다. 많이 생각하지 말고 일단 하나님께 구하십시오.

기도는 우리의 소원에서 시작합니다. 우리는 하나님을 바라고 기대하며 하나님께 나아가야 합니다. 갈망하는 것을 하나님께 아뢰는 것이 기도의 기본입니다. 무엇인가 구하는 것은 사람의 존재와 연관되어 있습니다. 살아 있는 사람은 무엇인가 갈망합니다. 바라는 것, 갈망하는 것, 소원이 있다는 것은 살아 있다는 증거입니다. 구하지 않는 사람은 자기 존재를 부정하는 것과 같습니다. 구하는 것이 없는 사람은 삶이 끝난 것이나 다름없습니다.

우울증이 깊은 사람은 바라는 것이 별로 없습니다. 하고 싶은 것도, 의욕도 전혀 없습니다. 필요를 느끼지 않습니다. 그래서 집에서 나오지 않고, 사람을 만나려 하지 않습니다. 아무 소원 없이 사는 것, 바라는 것이 전혀 없이 사는 것은 매우 위험합니다.

분명하고도 확실하게
기도하라

하나님께 무엇인가 구하는 것은 살아 있다는 증거입니다. 기도 거리도 없고, 하나님께 구하는 것도 없고, 필요한 것도 없다면 하나님 앞에 나아가지 않을 것입니다. 삶의 목표와 소원, 계획 등의 기도 제목이 있기 때문에 하나님께 구하는 것입니다. 삶이 정체되어 있지 않고 앞으로 나아가기 때문에, 삶이 움직이기 때문에 하나님께 구하는 것입니다.

사람은 기도하는 존재입니다. 그러므로 기도한다는 것은 살아 있다는 증거입니다. 우리가 소원하는 것, 갈망하는 것, 욕망하는 것은 기도로 표현됩니다. 욕망이 강할수록 뜨겁고 강력하게 기도합니다. 기도의 기본은 구하는 것입니다.

"너희가 얻지 못함은 구하지 아니하기 때문이요" 약 4:2

하나님은 우리가 구하기를 원하십니다. 물론 우리가 구하는 대로 하나님이 다 주시는 것은 아닙니다. 응답의 여부는 하나님이 결정하십니다. 그러나 우리는 우리 속에 있는 것을 다 꺼내어 하나님께 아뢰어야 합니다.

한편, 하나님께 구하는 것처럼 보이지만 하나님께 구하지 않는 사람이 있습니다. 이방인들이 그러합니다. 이방인들은 기도하지만 중언부언합니다. 중언부언하는 기도는 내용이 분명하지 않고, 기도의 목표도 없습니다. 무엇을 구하는지 알 수 없습니다. 그것을 기도라고 할 수 없습니다.

바리새인들도 마찬가지였습니다. 그들은 하나님께 기도한 것이 아니라, 사람들에게 보이기 위해 기도했습니다. 그들은 기도의 내용보다 기도하는 모습에 신경 썼습니다. 기도의 형태만 갖추었을 뿐 그들은 종교적으로 행동한 것입니다.

기도는 하나님께 아뢰는 것입니다. 사람이 감동하는 것, 사람이 칭찬하는 것은 무의미합니다. 하나님이 우리의 기도를 들으십니다. 하나님이 우리의 기도에 응답하십니다. 응답을 받는 것이 중요합니다.

응답 받기 위해서는 하나님께 분명하게 구해야 합니다. 예수님은 맹인 바디매오에게 "네게 무엇을 하여 주기를 원하느냐"라고 물으셨습니다. 이에 바디매오는 "선생님이여 보기를 원하나이다"(막 10:51)라고 분명하게 대답했습니다. 선천적 시각장애인인 그는 눈을 뜨는 일이 불가능하다는 고정관념에 사로잡혀 있었습니다. 그런 그가 "네게 무엇을 하여 주기를 원하느냐"라고 예수님이 물으셨을 때 보기 원한다고 대답한 것은 대단한 용기와 믿음이 있는 행동입니다. 그는 다른 것을 구할 수도 있었지만 보기를 원했습니다.

이처럼 하나님께 무엇을 구하는가가 분명해야 합니다. 기도 제목이 분명해야 합니다. 하나님 앞에서 자기 의사를 분명하게 드러내야 합니다. 자기 생각을 정직하고 솔직하게 털어놓아야 합니다. 그래야 자신이 무엇을 원하는지 알 수 있기 때문입니다. 하나님 앞에 자신의 마음을 솔직하고 정직하게 드러내는 것이 기도의 시작이라고 할 수 있습니다.

하나님께 구하며 기도하는 것은 매우 적극적인 행위입니다. 하나님 앞에서 소극적이어서는 안 됩니다. 하나님은 우리가 소원과 필요를 충분히 아뢰는 것을 좋아하십니다. 기도의 힘을 믿지 않거나 의심하는 사람은 기도하지 않습니다. 하나님께 기도하지 않는 사람은 삶에 일어난 일을 우연으로 여기며 자신이 노력한 결과라고 생각합니다. 그러나 기도의 힘을 믿는 사람은 하나님이 주신다고 믿기 때문에 적극적으로 기도합니다. 기도하는 사람은 삶의 모든 것이 기도의 응답이라 믿습니다. 그래서 더욱 열심히 기도합니다.

기도가 인생을 바꿉니다. 기도를 통해 삶이 변화됩니다. 기도를 통해 삶이 열리는 경험을 할 수 있습니다.

하나님의 가능성을 찾는 중에
자라나는 믿음

둘째, 예수님은 "찾으라 그리하면 찾아낼 것이요"라고 말씀하셨습니다.

구하는 것으로 끝나면 안 됩니다. 구했으면 찾아야 합니다. 찾을 때 구한 것을 얻을 수 있습니다. 분명하게 구한 사람은 찾습니다. 그러나 구한 것이 분명하지 않으면 찾을 수 없습니다. 안타깝게도 구하는 것으로 끝내는 사람이 많습니다. 구했으니 이제 하나님이 알아서 하실 것으로 생각합니다. 기도하고 가만히 있으면 안 됩니다. 기도한 것을 찾아야 합니다. 하나님은 구하는 사람이 찾을 수 있도록 예비해 놓으십니다. 그래서 예수님은 "찾으라 그리하면 찾아낼 것이요"라고 말씀하셨습니다.

돈을 구하는 기도를 하고 가만히 있으면 안 됩니다. 우리가 할 일을 해야 합니다. 자신이 하는 일에 최선을 다해야 합니다. 하나님께 지혜를 구해야 합니다. 적극적으로 행동해야 합니다. 그렇게 하면 그동안 생각하지 못했던 것이 생각납니다. 시험을 잘 치르게 해달라고 기도했다면 열심히 공부해야 합니다. 공부를 잘할 수 있는 방법을 찾아야 합니다. 좋은 선생님을 만날 수도 있고, 공부를 잘하는 아이와 친구가 될 수도 있습니다.

적극적으로 노력하며 하나님의 도우심을 구해야 합니다. 구하고 찾는 것은 적극적인 행동입니다. 자신이 구한 것에 대해 하나님의 응답을 구해야 합니다. 사업을 위해 기도했다면 하나님이 열어 놓으신 곳을 찾아보아야 합니다. 그렇게 하는 가운데 하나님이 지혜를 주십니다. 이전에 보지 못한 것을 보게 하십니다.

하나님을 알지 못하는 사람도 사업을 위해 여러 곳을 찾아다닙니다. 그러나 그들과 우리는 다릅니다. 그들은 막연히 찾으러 다니다가 요행이 일어나기를 기대합니다. 세상 사람들은 자신이 생각하는 대로 길을 찾아다닙니다. 하지만 하나님의 사람은 하나님이 동행하십니다. 우리는 하나님의 도우심을 계속 구해야 합니다. 하나님의 인도하심을 따라가야 합니다. 하나님은 가장 좋은 길로 우리를 인도하십니다. 하나님은 찾는 사람이 찾아내게 하십니다.

왜 하나님은 우리에게 안겨 주지 않으시고 우리가 찾게 하십니까? 찾는 과정이 우리에게 복이 되기 때문입니다. 찾는 과정을 통해 우리의 믿음이 자랍니다. 하나님을 경험할 수 있습니다. 하나님의 뜻을 알아가게 됩니다. 부모는 아이가 구하는 것을 모두 주지 않고, 때로는 아이가 스스로 찾게 합니다. 아이가 원하는 대로 부모가 다 들어주면 아이는 자라지 않습니다. 아이를 자라게 하려면 아이가 움직이게 해야 합니다.

기도하는 것으로 끝내는 사람이 많습니다. 물론 우리가 할 일은 전혀 없고 하나님의 역사를 기다려야 할 때도 있습니다. 그러나 대부분의 경우는 우리가 해야 하는 일이 있습니다. 그러므로 기도로 끝내서는 안 됩니다. 우리는 구하고 찾아야 합니다. 하나님은 우리가 움직이기를 원하십니다. 우리가 찾을 때 기도한 것에 대한 응답을 받습니다.

찾는 것은 적극적인 행위입니다. 기도하는 사람은 적극적으로 찾습니다. 하나님을 기대하는 사람은 움직입니다. 하나님이 열어 놓으신 가능성에 다가가려고 합니다. 찾으려면 어떻게 해야 합니까? 눈을 크게 떠야 합니다. 지각(知覺)을 움직여야 합니다. 손과 발, 머리를 사용해야 합니다. 하나님을 기대하며 자신의 자리에서 최선을 다할 때 하나님이 예비하신 것을 찾을 수 있습니다.

찾는 과정이 중요합니다. 그 과정에서 자신이 잘못 구했다는 것을 발견하기도 합니다. 자신에게 있는 문제를 발견하기도 합니다. 찾는 과정에서 하나님은 우리에게 지혜를 주십니다. 찾는 동안 우리의 지혜가 자라는 경험을 할 수 있습니다. 찾는 것은 어렵지 않습니다. 우리가 찾기 위해 애쓴다면, 하나님은 우리가 능히 찾을 수 있게 하실 것입니다. 하나님은 우리가 찾아서 즐거워하기를 원하십니다.

예수님은 "너희는 먼저 그의 나라와 그의 의를 구하라 그리하면 이 모든 것을 너희에게 더하시리라"(마 6:33)라고 말씀하셨습니다. 여기서 '구한다'는 것은 '찾는다'는 의미입니다. 우리는 하나님의 나라를 구하고 찾아야 합니다. 또 예수님은 "천국은 마치 밭에 감추인 보화와 같으니 사람이 이를 발견한 후 숨겨 두고 기뻐하며 돌아가서 자기의 소유를 다 팔아 그 밭을 사느니라"(마 13:44)라고 말씀하셨습니다. 보화를 발견한 사람은 자신의 모든 것을 팔아 그 밭을 삽니다.

우리는 기도를 통해 하나님의 나라를 찾아야 합니다. 망하지 않고 쇠하지 않는 하나님의 나라를 구해야 합니다. 하나님의 나라는 하나님이 우리에게 주신 최고의 선물입니다. 그러므로 하나님의 나라를 발견한 사람이 가장 복 있습니다. 하나님의 나라를 구하고 찾는 가운데 하나님의 은혜를 경험하게 됩니다. 구하고 찾는 사람은 하나님의 나라를 찾아낼 것입니다. 하나님이 부어 주시는 놀라운 복을 받을 것입니다.

문이 열리는 기적은
끊임없이 두드리는 자에게

셋째, 예수님은 "문을 두드리라 그리하면 너희에게 열릴 것이니"라고 말씀하셨습니다.

헬라어에서 명령형은 '계속해서 하라'는 의미가 있습니다. 그러므로 한 번 문을 두드리고 끝내서는 안 됩니다. 계속해서 두드려야 합니다. 앞서 주님이 말씀하신 "구하라", "찾으라"도 마찬가지입니다. 계속해서 구해야 합니다. 계속해서 찾아야 합니다. 하나님은 계속해서 구하는 사람에게 주십니다. 계속해서 찾는 사람이 찾아내게 하십니다. 계속해서 두드리는 사람에게 문을 열어 주십니다.

계속해서 구하고 찾고 두드리려면 인내가 필요합니다. 포기하지 않고 인내해야 합니다. 하나님이 응답하지 않으신다고 중단하거나 포기해서는 안 됩니다.

우리의 삶에 닫힌 문이 많습니다. 우리는 닫힌 문을 보며 모든 것이 끝났다고 생각해 절망합니다. 그러나 쉽게 포기해서는 안 됩니다. 기도를 통해 인내력을 키우는 훈련을 해야 합니다. 우리는 기도를 통해 하나님께 집요하게 매달려야 합니다.

기도해서 응답 받는 것은 한 번으로 끝나지 않습니다. 기도할 일은 또 생깁니다. 다른 필요가 생깁니다. 그러면 또 기도해야 합니다. 우리는 일평생 기도해야 합니다. 그렇게 하는 가운데 우리 안에 인내력이 생깁니다. 우리에게 인내력이 있으면 또 다른 문제가 생겨도 포기하지 않고 기도할 수 있습니다.

> "너희 중에 누가 벗이 있는데 밤중에 그에게 가서 말하기를 벗이여 떡 세 덩이를 내게 꾸어 달라 내 벗이 여행 중에 내게 왔으나 내가 먹일 것이 없노라 하면 그가 안에서 대답하여 이르되 나를 괴롭게 하지 말라 문이 이미 닫혔고 아이들이 나와 함께 침실에 누웠으니 일어나 네게 줄 수가 없노라 하겠느냐 내가 너희에게 말하노니 비록 벗 됨으로 인하여서는 일어나서 주지 아니할지라도 그 간청함을 인하여 일어나 그 요구대로 주리라" 눅 11:5-8

'간청한다'는 것은 '떼쓰다', '완강하게 버티다', '쉽게 포기하지 않는다'를 의미합니다. 하나님이 바로 응답하지 않으신다고 포기해서는 안 됩니다. 끈질기게 구하는 것이 중요합니다.

예수님은 이 이야기를 하신 후에 말씀하셨습니다.

"내가 또 너희에게 이르노니 구하라 그러면 너희에게 주실 것
이요 찾으라 그러면 찾아낼 것이요 문을 두드리라 그러면 너희
에게 열릴 것이니 구하는 이마다 받을 것이요 찾는 이는 찾아
낼 것이요 두드리는 이에게는 열릴 것이니라" 눅 11:9-10

포기하지 않고 계속해서 구하고 찾고 두드리는 사람이 복 있습
니다. 계속해서 구하고 찾고 두드리는 사람이 응답 받습니다. 놀
라운 것을 찾습니다. 문이 열립니다.

포기하지 않는 것이 매우 중요합니다. 복 있는 사람은 포기하
지 않고 기도합니다. 그는 하나님의 은혜를 경험합니다. 반드시
응답 받을 것입니다. 포기하지 않고 하나님을 바라고 구하는 것
이 중요합니다. 한두 번 기도한 후 응답 받지 못했다고 기도를 중
단해서는 안 됩니다. 끊임없이 기도해야 합니다. 하나님께 간청
해야 합니다.

부모는 자녀를 쉽게 포기하지 않습니다. 부모는 문제 있는 자
녀를 위해 계속 끈질기게 기도합니다. 병에 걸렸을 때, 사업에 어
려움이 있을 때 사람들은 열심히 기도합니다. 이것은 자연스러
운 일입니다. 영적으로 문제가 있을 때도 그렇게 기도해야 합니
다. 또한 유혹 받을 때 유혹을 이기고 거룩하게 살게 해 달라고

계속 기도해야 합니다. 기도하지 않으면 거룩하게 살기 힘들기 때문입니다.

용서하기 어려울 때는 용서를 위해 기도해야 합니다. 물론 용서는 힘든 일입니다. 원수를 용서한다는 것은 기적과도 같습니다. 하나님이 주시는 마음이 있어야 원수를 용서할 수 있습니다. 용서하기 위해 기도해야 합니다. 용서할 힘을 달라고, 용서할 수 있는 마음을 달라고 하나님 앞에서 계속 기도해야 합니다. 또한 기꺼이 사랑할 수 있게 해 달라고 기도해야 합니다. 넓은 마음을 달라고 기도해야 합니다.

물질의 문제로 계속 기도하는 사람은 많습니다. 그러나 영적으로 부요하게 살아가기 위해 기도하는 사람은 적습니다. 부자가 되기 위해서 끈질기게 기도할 것이 아니라, 영적으로 부요해지기 위해 간절히 기도해야 합니다. 포기하지 않고 인내하며 기도해야 합니다. 그렇게 할 때 하나님이 응답하십니다. 하나님은 우리가 생각하는 것보다 더 놀라운 방법으로 역사하십니다.

그런데 단순히 인내하는 것만으로는 계속 구하고 찾고 두드릴 수 없습니다. 확신이 있어야 합니다. 확신을 가지고 포기하지 않아야 합니다. 그럴 때 하나님의 응답을 경험할 수 있습니다.

성령이 임하시면 기도가 달라지고
인생이 달라진다

예수님은 "너희가 악한 자라도 좋은 것으로 자식에게 줄 줄 알 거든 하물며 하늘에 계신 너희 아버지께서 구하는 자에게 좋은 것으로 주시지 않겠느냐"(마 7:11)라고 말씀하셨습니다. 병행구절인 누가복음에서는 "너희가 악할지라도 좋은 것을 자식에게 줄 줄 알거든 하물며 너희 하늘 아버지께서 구하는 자에게 성령을 주시지 않겠느냐"(눅 11:13)라고 하셨습니다. 마태복음에는 '좋은 것'으로, 누가복음에는 '성령'으로 기록되어 있습니다. 왜 성령이 좋은 것입니까?

> "이와 같이 성령도 우리의 연약함을 도우시나니 우리는 마땅 히 기도할 바를 알지 못하나 오직 성령이 말할 수 없는 탄식으 로 우리를 위하여 친히 간구하시느니라 마음을 살피시는 이가 성령의 생각을 아시나니 이는 성령이 하나님의 뜻대로 성도를 위하여 간구하심이니라" 롬 8:26-27

우리는 마땅히 기도할 바를 알지 못합니다. 이것이 우리의 연 약함입니다. 무엇을 기도해야 할지 알지 못한 채 기도하기 때문에 우리의 기도는 허공을 칠 때가 많습니다. 그런데 성령이 우리의 기도를 도우십니다. 성령이 말할 수 없는 탄식으로 우리를 위해 친히 간구하십니다.

성령은 하나님의 뜻을 가장 잘 아십니다. 성령은 우리가 하나님의 뜻대로 기도하도록 도우십니다. 하나님이 우리에게 성령을 선물로 주시면 우리의 기도가 달라집니다. 성령의 인도를 받아 기도하는 사람은 하나님의 뜻대로 구하게 됩니다. 하나님의 뜻대로 구할 때 최상의 응답을 받습니다.

우리가 구하고 찾고 두드릴 때 성령을 선물로 받습니다. 성령을 선물로 받으면 하나님의 뜻대로 기도할 수 있습니다. 성령은 우리의 기도가 달라지게 하십니다. 성령은 우리가 하나님의 뜻을 분명히 발견하게 하시고, 하나님의 뜻에 합당하게 기도하게 하십니다. 성령은 우리의 기도를 이끄십니다.

욕심을 가지고 기도하면 욕심과 이기심이 눈을 가려 하나님의 뜻대로 기도하는지 알 수 없게 됩니다. 오히려 자신의 방식으로 하나님의 뜻을 해석하는 오류를 범합니다. 하나님의 뜻이 아님에도 하나님의 뜻으로 생각합니다. 그래서 하나님의 뜻과 상관없이 기도하게 됩니다.

욕심은 교묘하게 숨어 있습니다. 성령이 임하시면 우리 안에 있는 욕심이 보입니다. 성령이 그것을 보게 하십니다. 하나님의 뜻에 합당하게 기도하지 않으면 기도가 잘 되지 않습니다. 열심히 기도하지만, 기도가 새는 듯합니다. 기도가 하나님께 상달되는 것 같지 않습니다. 우리 안에 성령이 임하시면 성령이 우리의 기도를 이끄시기에 기도가 잘 됩니다. 기도할수록 힘이 납니다. 기도는 영혼의 호흡입니다. 그러므로 기도할 때 생동감이 생깁니다. 영혼이 살아납니다.

성령이 우리를 하나님의 뜻대로 기도하게 하십니다. 그러므로 구하고, 찾고, 두드릴 때 받고, 찾아내고, 문이 열리는 경험을 할 수 있습니다. 기도하는 가운데 문제가 해결되는 역사가 일어납니다. 하나님의 뜻대로 구할 때 저절로 응답됩니다. 하나님의 뜻대로 기도할 때 문제가 해결됩니다. 모든 것은 하나님의 뜻대로 되기 때문입니다. 과녁을 정조준하듯 하나님의 뜻에 합당하게 기도하기 바랍니다. 그렇게 기도할 때 응답 받습니다. 기도가 막히지 않습니다.

성령 안에서 기도할 때 하나님이 기뻐하십니다. 성령 안에서 기도할 때 놀라운 일이 일어납니다. 구하는 대로 응답 받습니다. 찾는 것을 찾을 것입니다. 문이 열릴 것입니다. 하나님은 우리가 성령 안에서 하나님의 뜻대로 기도하기를 기다리십니다. 계속 구하고 찾고 두드려야 합니다. 그렇게 할 때 하나님이 우리에게 응답하시고 우리에게 좋은 것을 주실 것입니다.

기도의 영이신 성령이 우리가 하나님의 뜻대로 기도하게 도와주십니다. 우리의 기도가 달라지게 됩니다. 하나님의 뜻대로 기도할 때 우리가 구하는 대로 응답 받습니다. 기적을 경험하게 됩니다.

우리는 성령을 구하고 사모해야 합니다. 성령을 받을 때까지 계속 기도해야 합니다. 뒤로 물러가지 않아야 합니다. 성령을 구할 때 하나님이 하늘 문을 열고 응답하십니다. 우리가 하늘 문을 두드릴 때 하나님이 우리에게 성령을 부어 주십니다. 오순절에 성령이 임하신 것처럼 우리에게 성령이 임하시면 기도가 달라집니다. 기도가 달라지면 삶이 변화됩니다. 인생이 변화됩니다.

성령을 사모해야 합니다. 성령을 기다려야 합니다. 성령을 충만히 받아야 합니다. 하나님의 뜻에 합당하게 기도할 때 구하는 대로 응답 받는 역사가 일어날 줄 믿습니다.

끈질기게 기도하는 삶을 위한
기도문

구하는 자에게
주겠다고 하신 약속
찾는 자에게
찾아낼 것이라 하신 약속
두드리는 자에게
열릴 것이라 하신 약속
하늘 아버지의 약속을 붙들고 나아갑니다

나의 힘과 재주와 능력으로
나의 필요를 채우지 않게 하소서
하나님께 구하는 사람이 되게 하소서
나의 한계를 인정하고
나의 형편과 처지를 정직하고 솔직하게
하나님께 구하는 사람이 되게 하소서
나의 바람을
하나님께 구하는 사람이 되게 하소서

응답이 늦어지더라도
주겠다 약속하신 말씀을 붙들고
나의 소원하는 것
나의 갈망하는 것
하나님께 기도하는 사람이 되게 하소서

내가 할 수 있는 것을 내려놓고
하나님께 구하고, 찾고, 두드리기를 원합니다
매 순간 하나님 앞에 엎드리는 사람이 되기를 원합니다

구하고 찾고 두드리는 자에게
성령의 충만을 허락하소서
마땅히 기도할 바를 알지 못하는 우리를 도우시고
하나님의 뜻대로 기도할 수 있도록 인도하소서

상황과 환경에 짓눌려 포기하지 않고
인내하며 기도의 자리를 찾게 하소서

인내하며 기도하는 자에게 주실
하나님 나라를 발견하게 하소서

하나님 앞에 엎드림이 복임을 알게 하소서
하나님 앞에 나아갈 수 있음이 복임을 알게 하소서
인내로 끈질기게 기도하는 자에게 허락하실 복을
누리게 하소서

5장

신뢰하는 기도

하나님의 응답은
이미 준비되어 있다

예레미야 33:3

너는 내게 부르짖으라 내가 네게 응답하겠고 네가 알지 못
하는 크고 은밀한 일을 네게 보이리라

기도의 시작은
하나님이 하신다

성도는 기도에 관심이 있습니다. 기도해야 한다는 것을 압니다. 그러나 기도를 실행하는 것은 쉽지 않습니다. 목회자가 기도를 많이 강조한다고 해서 성도들이 기도를 많이 하는 것은 아닙니다. 기도 세미나에 참석했다고, 기도에 대한 책을 읽었다고 열심히 기도하는 것도 아닙니다. 꾸준히, 변함없이 기도하는 사람이 많지 않습니다.

우리는 응답 받을 것을 기대하고 기도합니다. 그런데 응답을 기대하면서도 여러 가지 의문을 품습니다. '얼마나 기도해야 응답 받는가, 어떻게 기도해야 응답 받는가' 궁금해합니다. 기도하면서 불안해하는 사람도 있습니다. 기도 응답을 받을 수 있을 것이라는 확신이 없어 기도해도 불안합니다. 불안이 가득한 마음으로 기도합니다.

기도할 때 우리가 기억해야 할 것이 있습니다. 기도의 시작은 내가 아니라 하나님이 하신다는 것입니다. 우리가 하나님을 찾은 것이 아니라 하나님이 우리를 찾으셨습니다.

"우리가 사랑함은 그가 먼저 우리를 사랑하셨음이라" 요일 4:19

우리가 하나님을 사랑하기 전에 하나님이 먼저 우리를 사랑하셨습니다. 하나님이 언제나 우리보다 먼저 행하십니다. 하나님이 우리를 부르지 않으셨다면, 우리는 하나님께 나아갈 수 없었습니다.

우리가 기도하기 전에 하나님이 먼저 우리에게 기도하라고 말씀하셨습니다.

"너는 내게 부르짖으라 내가 네게 응답하겠고" 렘 33:3

우리가 기도하는 대상은 하나님이십니다. 하나님은 우리를 주목하시고 우리에게 관심을 가지십니다. 하나님이 우리에게 쏟으시는 관심은 우리가 하나님께 쏟는 관심보다 훨씬 더 많습니다. 하나님은 우리를 생각하십니다. 하나님이 우리를 생각하시는 것은 우리가 하나님을 생각하는 것보다 훨씬 더 큽니다. 하나님이 우리를 생각하시는 것과 우리가 하나님을 생각하는 것은 비교할 수 없습니다.

성경에 보면, 이스라엘 백성은 하나님을 끊임없이 잊었습니다. 그들은 홍해를 육지같이 건너는 기적을 체험했지만, 하나님을 쉽게 잊었습니다. 기적을 체험했다고 하나님을 늘 기억하는 것은 아닙니다. 우리는 하나님을 잊을 때가 많습니다. 그러나 하나님은 우리를 잊지 않으십니다.

부모가 자식을 생각하는 마음과 자식이 부모를 생각하는 마음 중 어느 것이 크겠습니까. 부모는 죽을 때까지 자식을 생각합니다. 이것이 부모의 운명입니다. 그런데 자식은 부모를 많이 생각하지 않습니다. 자식은 자신에게 필요한 것이 있을 때만 부모를 생각합니다. 하나님과 우리의 관계도 마찬가지입니다.

우리는 무엇인가 필요할 때, 다급할 때, 힘들 때만 하나님을 생각하고 하나님께 나아갑니다. 그러나 하나님은 산과 같아서 우리를 변함없이 바라보십니다. 하나님은 우리를 사랑하십니다. 하나님은 우리를 돌보십니다.

우리의 기도가 하나님으로부터 출발한다는 사실을 기억해야 합니다. 하나님은 우리의 생각보다 더 많이 우리를 생각하십니다. 하나님이 먼저 우리를 찾으십니다. 기도에 대한 우리의 열정보다 우리를 향한 하나님의 열정이 더 강력합니다. 이것이 기도의 기본 개념입니다.

사람은 기도할 때
가장 사람다워진다

우리는 신앙생활을 시작하면서 기도를 배웁니다. 그리스도인에게 기도는 일종의 모국어와 같습니다. 아이는 부모와의 관계를 통해 말을 배웁니다. 하나님의 자녀는 하나님과의 관계를 통해 기도를 배웁니다. 하나님은 자녀에게 기도를 가르쳐 주십니다. 하나님은 우리 안에 기도의 영을 불어넣으셔서 우리로 하여금 기도하게 하십니다. 우리의 의지로 기도하는 것이 아닙니다. 우리가 기도를 개발한 것이 아닙니다. 하나님이 기도를 디자인하셨습니다. 하나님은 사람이 기도해야 살 수 있도록 창조하셨습니다. 사람은 기도할 때 가장 사람다워집니다.

기도는 신자에게 자연스러운 행위입니다. 아기를 안은 엄마의 모습은 매우 아름답습니다. 엄마 품에 안긴 아기는 아주 평안합니다. 아기는 엄마 품에 안겨 있을 때 가장 아기답습니다. 신자는 기도할 때 가장 신자답습니다. 기도하지 않고 사는 신자는 신자답지 못합니다. 기도하지 않고 사는 삶은 매우 위태롭습니다.

우리는 기도해야 합니다. 기도는 기호나 선택 사항이 아닙니다. 기도는 프로그램이 아닙니다. 기도는 종교적인 수행이 아닙니다. 기도는 신자에게 존재 그 자체입니다. 기도하지 않으면 영이 죽습니다. 영이 죽는 것은 다 죽는 것입니다. 식물인간과 마찬가지입니다.

기도하면 영이 삽니다. 기도를 통해 영이 살면 몸의 모든 기능이 살아납니다. 생명력이 넘칩니다. 우리는 기도를 통해 존재합니다. 기도는 우리를 살게 합니다. 기도는 신앙의 수단이 아니라 그 이상입니다. 우리를 살게 하는 힘이 기도에서 나옵니다. 기도하는 것 자체가 중요합니다.

기도는 신자의 삶에서 핵심 행위입니다. 기도는 신앙의 핵심이요, 삶의 본질입니다. 기도하면서 응답 받는 데만 관심을 쏟는 사람이 많습니다. '기도=응답'이라고 생각해서는 안 됩니다. 물론 기도해서 응답 받아야 합니다. 그러나 응답을 받든 그렇지 않든 기도하는 삶 자체가 중요합니다. 우리는 기도를 통해 사람다운 사람이 됩니다.

기도하지 않는 것은 생명줄이 끊어진 채 사는 것과 같습니다. 하나님의 공급이 끊어진 삶에는 미래가 없습니다. 물을 벗어난 물고기가 살 수 없듯, 하나님의 공급이 끊어진 사람은 살 수 없습니다. 돈이나 세상의 지위가 우리의 생활을 안정되게 하는 것이 아닙니다. 돈과 세상의 지위는 언젠가 사라집니다. 우리의 존재는 하나님과의 관계를 통해 결정됩니다. 하나님이 우리를 그렇게 창조하셨습니다. 하나님과의 관계가 우리의 삶을 안정되게 합니다.

우리는 하나님과 연결되어 있기 때문에 하나님께 기도할 수 있습니다. 기도를 통해 우리가 하나님과 관계를 맺고 있음을 느낄 수 있습니다. 어떤 위협이 있어도 하나님과 연결되어 있으면 흔들리지 않습니다. 하나님과의 관계를 통해 삶이 안정됩니다. 기도를 통해 하나님으로부터 오는 생명력이 우리의 삶을 안정되게 합니다. 그런데 세상적인 것으로 자신의 삶을 안정되게 하려는 사람이 많습니다.

기도하는 것 자체가
복이다

사도 바울은 "모든 기도와 간구를 하되 항상 성령 안에서 기도하고 이를 위하여 깨어 구하기를 항상 힘쓰며 여러 성도를 위하여 구하라"(엡 6:18)라고 했습니다. 그리고 "기도를 계속하고 기도에 감사함으로 깨어 있으라"(골 4:2), "쉬지 말고 기도하라"(살전 5:17)라고 했습니다.

"쉬지 말고 기도하라"는 말씀에는 '기도하기를 쉬면 죽는다'는 의미가 있습니다. 기도하기를 중단해서는 안 됩니다. 기도하기를 중단하면 심각한 일이 일어납니다.

기도는 일회성이 아닙니다. 형식적으로, 의례적으로 기도해서는 안 됩니다. 중환자실에 있는 환자는 호흡에 문제가 있는 경우가 많아 호흡기를 꽂고 있습니다. 호흡에 문제가 생기면 생명이 위험해집니다. 호흡하기 때문에 우리에게 생명이 있습니다. 호흡을 통해 생명력이 주어집니다. 기도는 영혼의 호흡입니다. 지속해서 항상 기도해야 합니다. 기도를 통해 하나님의 공급을 경험할 수 있습니다.

지구가 태양을 중심으로 돌듯 우리는 하나님 중심으로 움직여야 합니다. 만약 하나님의 궤도를 이탈하면 사고가 발생합니다. 기도하는 것은 하나님을 주목하는 것입니다. 기도하는 것은 하나님 안에 거하는 것입니다. 기도하는 것 자체가 하나님 안에 있는 것입니다.

하나님을 떠난 사람은 기도하지 않습니다. 우리가 하나님 안에 있을 때 하나님이 기도하게 하십니다. 하나님이 기도하게 하셔서 우리가 기도하는 것입니다. 기도하는 것 자체가 복이며 은혜입니다. 우리는 기도를 통해 하나님의 공급을 경험할 수 있습니다. 하나님은 기도하는 사람을 살리십니다.

기도를 통해
단련하신다

우리는 기도의 자리를 지키며 쉬지 않고 계속 기도해야 합니다. 그런데 우리의 힘으로는 기도의 자리를 지킬 수 없습니다. 하나님이 주시는 은혜로만 쉬지 않고 기도할 수 있습니다. 기도는 일종의 노동입니다. 하나님이 에너지를 주셔야 우리는 기도할 수 있습니다. 하나님이 이끌어 주셔야 계속 기도할 수 있습니다. 우리의 힘과 의지로는 계속 기도할 수 없습니다.

삶이 무너지는 이유가 무엇입니까? 삶을 지탱할 수 있는 에너지가 부족하기 때문입니다. 왜 스트레스를 받습니까? 삶을 감당할 수 없기 때문입니다. 삶의 무게를 이겨 내지 못하기 때문입니다. 살다 보면 우리가 감당하기 힘든 어려움을 겪을 때가 많습니다. 살면서 겪는 어려움을 이겨 낼 힘이 우리에게 있어야 합니다. 우리는 기도를 통해 그 힘을 얻습니다. 에너지가 있어야 기도할 수 있습니다. 하나님이 우리에게 힘을 주셔야 기도할 수 있습니다. 하나님이 주시는 힘으로 기도하다 보면 에너지가 생깁니다. 그렇게 함으로 삶의 무게를 이겨 냅니다. 믿음의 분량이 커집니다.

하나님이 기도하게 하시므로 우리는 쉬지 않고 기도할 수 있습니다. 하나님이 기도할 힘을 우리에게 주십니다. 놀라운 것은 기도가 살아나면 스트레스를 이긴다는 사실입니다. 기도하기 전에는 죽고 싶을 만큼 힘들었는데, 기도가 터지면 우리 입에서 감사가 나옵니다. 찬양이 나옵니다. 힘이 솟습니다. 살아갈 소망이 생깁니다. 그 힘은 어디에서 나옵니까? 하나님으로부터 옵니다.

힘든 일을 겪을 때는 평소보다 많은 에너지가 필요합니다. 그래서 기도의 분량을 늘려야 합니다. 더 많이 기도해야 합니다. 기도하지 않으면 주저앉아 버리게 됩니다. 스트레스를 무슨 재주로 이겨 내겠습니까. 기도의 분량을 늘려야 합니다. 기도를 통해 에너지가 발산되어야 합니다.

위급한 때에는 기도하기를 쉬어서는 안 됩니다. 이전보다 더 열심히 기도해야 합니다. 기도하는 시간을 늘려야 합니다. 쉬지 말고 계속해서 기도해야 합니다.

하나님이 우리에게 어려움을 주셔서 기도하게 하시는 데는 이유가 있습니다. 더 큰 어려움이 올 수 있으므로 하나님은 우리의 기도의 힘을 키우십니다. 앞으로 무슨 일이 일어날지 우리는 알 수 없습니다. 하나님은 기도를 통해 하나님의 사람들을 단련하십니다. 기도를 통해 힘을 얻어 어려움을 이기게 하십니다. 더 큰 어려움이 와도 능히 이겨 내게 하십니다. 그러므로 어려움이 있다고 기도하지 않고 주저앉아 있으면 안 됩니다. 우리의 믿음이 커져야 합니다. 긍정적으로 생각해야 합니다. 기도를 통해 삶의 활력을 얻어야 합니다.

하나님은 응답하기를 원하신다

우리에게 기도하라고 하신 하나님은 기도에 반드시 응답하겠다고 약속하셨습니다. "너는 내게 부르짖으라 내가 네게 응답하겠고 네가 알지 못하는 크고 은밀한 일을 네게 보이리라"(렘 33:3), "구하라 그리하면 너희에게 주실 것이요 찾으라 그리하면 찾아낼 것이요 문을 두드리라 그리하면 너희에게 열릴 것이니"(마 7:7)라고 말씀하셨습니다. 우리가 기도 응답을 바라는 것보다 하나님이 우리의 기도에 응답하기를 더욱 간절히 원하십니다. 이것이 굉장히 중요합니다.

누가복음 15장에서 예수님은 탕자의 비유를 말씀하셨습니다. 우리는 탕자의 비유에서 돌아온 탕자에 주목합니다. 그러나 돌아온 탕자보다 아들을 기다린 아버지에 더 주목해야 합니다. 탕자의 비유에서 핵심은 아들을 기다리는 아버지입니다. 아버지가 아들을 기다리지 않았다면, 이 비유는 성립하지 않습니다. 아들을 애타게 기다리는 아버지가 있기 때문에 아들이 아버지의 집으로 돌아올 수 있었습니다. 하나님이 기도에 대해 전혀 말씀하지 않으셨는데, 우리가 기도한다면 뭔가 이상합니다. 하나님이 입을 닫고 계신데, 우리가 손을 내밀면 머쓱합니다. 하나님이 기도하라고 말씀하셨다는 사실이 매우 중요합니다.

기도하라고 말씀하신 하나님은 신실하십니다. 구하는 자에게 주겠다고 약속하신 하나님은 신실하십니다. 하나님은 약속을 남발하시는 분이 아닙니다. 하나님은 약속을 반드시 지키십니다. 이것이 하나님의 성품입니다. 우리는 신실하신 하나님을 신뢰해야 합니다. 우리는 하나님의 성품을 주목해야 합니다. 하나님은 변함없으시고 약속을 깨지 않으십니다. 하나님은 성실하시고 신실하십니다. "구하라"고 우리에게 말씀하신 하나님은 응답할 것을 준비하고 계십니다. 하나님은 우리에게 주고 싶어 하십니다.

우리가 기도할 때, 하나님의 응답은 이미 준비되어 있습니다.

> "구하라 그리하면 너희에게 주실 것이요 찾으라 그리하면 찾
> 아낼 것이요 문을 두드리라 그리하면 너희에게 열릴 것이니 구
> 하는 이마다 받을 것이요 찾는 이는 찾아낼 것이요 두드리는
> 이에게는 열릴 것이니라" 마 7:7-8

이 말씀은 우리가 원하는 대로 하나님이 다 주신다는 의미가
아닙니다. 우리가 생각하는 대로 다 주어지는 것이 응답은 아
닙니다.

예수님은 "너희 중에 누가 아들이 떡을 달라 하는데 돌을 주며
생선을 달라 하는데 뱀을 줄 사람이 있겠느냐 너희가 악한 자라
도 좋은 것으로 자식에게 줄 줄 알거든 하물며 하늘에 계신 너희
아버지께서 구하는 자에게 좋은 것으로 주시지 않겠느냐"(마 7:9-11)
라고 말씀하셨습니다. 여기서 '좋은 것'은 앞 부분에서 살펴보
았듯이 병행구절인 누가복음에 '성령'으로 표현되어 있습니다(
눅 11:11-13).

성령은 하나님의 뜻을 분별하여 기도하도록 우리를 이끄십니
다. 성령의 인도를 따라 기도하는 것이 하나님의 뜻에 합당하게

기도하는 것입니다. 그 기도는 반드시 응답 받습니다.

하나님을 깊이 아는 게
최고의 응답이다

만약 우리가 원하는 대로 다 이루어진다면 더 이상 하나님을 찾지 않을 것입니다. 사람의 마음은 쉽게 바뀝니다. 우리는 신실하신 하나님을 신뢰해야 합니다. 우리는 하나님을 믿어야 합니다.

기도하다가 실망하고 낙심하고 좌절하는 사람이 많습니다. 응답에 초점을 맞추고 기도하기 때문입니다. 하나님을 주목하기보다 하나님이 주실 것을 기대할 때 문제가 생깁니다. 우리가 연약하기 때문에 발생하는 문제입니다. 하나님도 이해하십니다. 아이가 어릴 때는 퇴근하는 아빠보다 아빠 손에 무엇이 있는가를 먼저 봅니다. 아빠가 장난감이나 과자를 사왔을 경우, 아이는 그것만 주목합니다. 아빠는 안중에 없습니다. 장난감에게 밀린 아빠는 씁쓸합니다. 그러나 다음에도 아빠는 장난감을 사서 집으로 갑니다.

우리는 응답보다 하나님이 크시다는 사실을 잊을 때가 많습니다. 우리는 응답을 중요하게 생각합니다. 최고의 응답은 무엇입니까? 하나님이십니다. 하나님은 우리 아버지이십니다. 하나님이 우리의 모든 것 되십니다. 하나님 아버지를 모시고 사는 것보다 더 복된 삶이 있겠습니까.

최고의 응답은 기도를 시작할 때 이미 시작되었습니다. 우리가 하나님의 자녀가 된 것 자체가 하나님의 응답입니다. 하나님을 "아빠"라고 부르는 것 자체가 응답입니다. 하나님이 우리에게 기도하라고 말씀하시는 것은 기도를 통해 하나님과의 관계를 누리라는 의미입니다.

우리는 병이 낫고, 사업이 잘되고, 문제가 해결되는 것 등을 기도 응답이라고 생각합니다. 물론 이것도 중요합니다. 그러나 병이 낫고, 사업이 잘되고, 문제가 해결되었다고 우리 삶이 완전해지는 것은 아닙니다. 우리는 여전히 문제 안에서 살아갑니다. 돈문제가 해결되었다고 문제가 없습니까? 그렇지 않습니다. 다른문제가 발생합니다. 우리는 불완전한 존재입니다. 하나의 문제가 해결되어도 삶의 문제는 계속 이어집니다.

우리는 기도를 통해 하나님을 깊이 알아가야 합니다. 최고의응답입니다. 하나님을 깊이 알아갈수록 하나님을 신뢰하게 됩니다. 하나님을 신뢰하는 것이 중요합니다. 어린아이는 엄마, 아빠를 무한 신뢰합니다. 아이는 엄마, 아빠만 바라봅니다. 아이는 언제나 평안합니다. 하나님을 하나님으로 온전히 알아야 하나님을 신뢰할 수 있습니다. 하나님을 온전히 신뢰하면 더 이상 바라는 것이 없습니다. 하나님을 온전히 신뢰할 때, 우리는 평안을 누립니다.

우리는 미래를 알지 못합니다. 그러나 한 가지 분명한 것이 있습니다. 하나님이 나를 사랑하신다는 것입니다. 하나님이 나를 사랑하신다는 사실을 신뢰해야 합니다. 아이가 아빠를 신뢰할 때, 아빠는 기분이 좋습니다. 하나님은 하나님을 무한 신뢰하는 사람, 하나님을 무조건 신뢰하는 사람을 기뻐하십니다. 하나님은 하나님의 하나님 되심을 인정하는 사람, 하나님의 신실하심을 믿는 사람을 기뻐하십니다.

기도를 통해 하나님과 교제하는 것이 최고의 응답이다

형들에게 팔려 애굽의 노예가 된 요셉은 어려움 속에서 하나님께 기도했을 것입니다. 그러나 요셉의 삶은 기도한 대로 되지 않았습니다. 오히려 반대로 되는 것 같았습니다. 이때 하나님을 원망하고 불평할 만합니다. 그러나 요셉은 하나님을 신뢰했습니다. 하나님이 높은 목표를 가지고 계신 것을 믿었습니다. 하나님의 계획이 선하심을 믿었습니다. 요셉은 자신의 삶이 하나님의 계획 안에 있음을 믿었습니다. 요셉은 하나님의 뜻을 알았습니다.

기도해도 응답되지 않고 어려움을 겪을 때 자신의 소망과 간구가 무너지는 것 같습니다. 그러나 믿음이 깊어지면 상황과 상관없이 하나님을 신뢰하게 됩니다. 어떤 상황에서도 하나님의 하나님 되심을 인정하고 하나님을 신뢰하는 것, 이것이 믿음입니다.

마귀는 우리가 멀리 보지 못하게 시야를 막습니다. 멀리 보지 못하면 단편적인 것에 묶여 버립니다. 시야가 좁아지면 하나님이 그리시는 그림을 볼 수 없습니다. 예수님은 40일 금식하신 후에 마귀의 시험을 받으셨습니다. 마귀는 예수님께 "네가 만일 하나님의 아들이어든 명하여 이 돌들로 떡덩이가 되게 하라"(마 4:3)라고 하며 예수님을 시험했습니다. 마귀는 광야 곳곳에 있는 돌을 떡처럼 보이게 유도했습니다. 그러나 예수님은 하나님의 구원 드라마가 무엇인지 알고 계셨습니다. 예수님은 작은 문제에 갇히지 않으셨습니다. 눈앞에 있는 것을 주목하지 않으셨습니다.

우리는 다급한 마음으로 "하나님, 빨리 응답해 주세요"라고 기도하며 하나님께 응답을 재촉합니다. 응답 받는 것에 집중합니다. 눈앞에 놓인 문제만 집중합니다. 그렇게 되면 하나님의 큰 그림을 볼 수 없습니다. 시야가 좁아져 하나님을 원망하고 불평하게 됩니다. 우리의 눈이 열려야 합니다. 기도를 통해 우리의 눈이 열리는 것, 이것이 우리가 기도를 통해 누리는 최고의 복입니다.

기도는 하나님과 교제하는 것입니다. 하나님과의 교제가 깊어지면 눈이 저절로 열립니다. 시야가 넓어집니다. 그래서 하나님이 목적을 가지고 우리를 부르셨음을 깨닫습니다. 그 사실을 깨닫는 사람은 이 땅에서 아웅다웅, 허둥지둥, 우왕좌왕, 좌충우돌, 노심초사하지 않습니다.

기도의 응답이 늦어질수록 좋은 경우가 많습니다. 기도의 응답이 늦어지면 그만큼 기도하는 시간이 길어집니다. 많이 기도하게 됩니다. 기도하는 시간이 길어지고, 기도의 분량이 많아질수록 하나님과의 교제가 깊어집니다. 하나님과의 교제가 깊어질 때, 우리의 영혼은 하나님 안에서 만족을 누립니다. 우리의 영혼은 매우 크므로 세상의 것으로 충만해질 수 없습니다. 갈증을 느낍니다. 기도한 대로 응답되어도 우리 영혼은 만족하지 못합니다. 오직 하나님만이 우리에게 참 만족을 주십니다.

기도 응답이 우리의 목적이 되어서는 안 됩니다. 우리는 기도를 통해 하나님께 가까이 가야 합니다. 기도를 통해 하나님을 알아가야 합니다. 하나님과 친밀해져야 합니다. 이것이 우리의 목적이 되어야 합니다. 기도를 통해 하나님의 신실하심을 알아갈 때, 우리는 하나님을 온전히 신뢰할 수 있습니다. 하나님을 온전히 신뢰할 때, 무슨 일이 일어나든 우리는 흔들리지 않습니다. 하나님을 알아감에 따라 우리의 기도가 달라집니다. 자신이 구하는 것이 정당하지 않다는 것을 깨닫습니다.

> "여러 계시를 받은 것이 지극히 크므로 너무 자만하지 않게 하시려고 내 육체에 가시 곧 사탄의 사자를 주셨으니 이는 나를 쳐서 너무 자만하지 않게 하려 하심이라 이것이 내게서 떠나가게 하기 위하여 내가 세 번 주께 간구하였더니 나에게 이르시기를 내 은혜가 네게 족하도다 이는 내 능력이 약한 데서 온전하여짐이라 하신지라 그러므로 도리어 크게 기뻐함으로 나의 여러 약한 것들에 대하여 자랑하리니 이는 그리스도의 능력이 내게 머물게 하려 함이라 그러므로 내가 그리스도를 위하여 약한 것들과 능욕과 궁핍과 박해와 곤고를 기뻐하노니 이는 내가 약한 그때에 강함이라" 고후 12:7-10

사도 바울은 위대한 사도입니다. 영적 거장입니다. 그런데 그에게는 육체의 가시가 있었습니다. 그는 그것을 제거해 달라고 하나님께 기도했습니다. 그러나 하나님은 응답하지 않으셨습니다. 바울은 하나님의 뜻을 받아들였습니다. 그는 영적으로 눈이 열렸습니다. 다른 세계를 보았습니다. 그리고 바울은 그 문제로 더 이상 기도하지 않았습니다. 자신이 기도한 것보다 더 큰 응답을 받았기 때문입니다. 연약한 상태 그대로였지만, 그것으로 인해 바울은 하나님을 더 의지했습니다. 하나님의 능력이 자기 안에 머물러 있음을 깨달았습니다.

우리는 약할 때 하나님을 더 의지합니다. 약한 것이 오히려 복입니다. 기도하는 것 자체가 응답입니다. 기도를 통해 하나님과 함께하기 때문입니다. 기도를 통해 하나님을 알아가고, 하나님과 친밀해지고, 하나님을 닮아가는 것 자체가 응답입니다. 하나님과의 교제를 통해 누리는 풍성함은 무엇과도 비교할 수 없습니다. 하나님과의 교제를 통해 기쁨, 평안, 위로, 용기를 경험할 수 있습니다. 삶이 안정됩니다. 우리가 기도할 때 하나님이 우리에게 기쁨과 용기를 주십니다. 우리를 위로하십니다. 두려움이 사라지게 하십니다. 기도하는 것 자체가 응답입니다.

"이와 같이 성령도 우리의 연약함을 도우시나니 우리는 마땅히 기도할 바를 알지 못하나 오직 성령이 말할 수 없는 탄식으

로 우리를 위하여 친히 간구하시느니라" 롬 8:26

성령이 우리에게 기도를 가르쳐 주십니다. 성령이 우리를 위해 기도하십니다. 하나님의 뜻을 잘 아시는 성령이 우리 안에서 우리를 위해 기도하십니다.

성령은 우리의 기도 대상이십니다. 그리고 성령은 우리 안에서 기도하시는 기도자입니다. 우리와 함께 기도하십니다. 우리 안에 계신 성령이 우리의 영혼을 깨우십니다. 우리를 하나님의 뜻에 따라 기도하게 하십니다. 그리고 성령은 우리와 함께 기도하십니다. 우리가 기도하는 것 자체가 응답입니다. 우리 삶이 하나님의 응답입니다.

사도 바울은 "쉬지 말고 기도하라"(살전 5:17)라고 했습니다. 우리는 삶이 다하는 날까지 하나님과 함께해야 합니다. 하나님을 의지해야 합니다. 날마다 하나님을 바라보아야 합니다. 하나님을 기대해야 합니다. 하나님 앞에 엎드려야 합니다. 하나님의 도우심을 구하는 삶 자체가 축복이요 은혜입니다. 하나님과 함께하는 삶을 통해 우리는 넉넉히 이깁니다. 우리의 삶이 풍성해집니다.

하나님을 더욱 신뢰하는
삶을 위한 기도문

기도의 시작은
내가 아니라
하나님이심을 기억하게 하소서

내 안에 여전히 남아 있는
불안과 걱정과 교만과 두려움을 넘어
변함없이 잠잠히 사랑하시는
하늘 아버지의 마음을 알게 하소서

부르짖는 자에게 응답을 약속하셨고
나의 기대와 소망보다
더 크고 은밀한 일들을 행하시는
하나님의 섭리를 바라보게 하소서

늘 먼저 다가오시는 하나님
산과 같이 변함없이 바라보시는 하나님

늘 관심을 가지고 우리를 사랑하시는 하나님
매일 매 순간 우리를 돌보시는 하나님
우리의 생각보다 우리를 더 많이 생각하시는 하나님
우리를 향한 열정과 인내로 붙드시는 하나님을
더욱 알아가게 하소서

기도의 자리에서
하나님을 향한 기대의 마음
하나님을 향한 사랑의 마음
하나님을 향한 갈망의 마음
하나님을 향한 의지의 마음
하나님을 향한 동행의 마음이
매일매일 더욱 자라게 하소서

기도하는 것이 하나님 안에 거하는 것임을
기도하는 것이 하나님이 주신 은혜임을
기도하는 것이 삶의 무게를 이기는 힘임을
기도하는 것이 하나님을 더욱 알아가는 복임을 알게 하소서

part 2

기도한 만큼 보이고,
기다린 만큼 얻는다

6장

성장하는 기도

기도 응답이 지체될 때
어떻게 할 것인가?

누가복음 18:1-8

1 예수께서 그들에게 항상 기도하고 낙심하지 말아야 할 것
  을 비유로 말씀하여

2 이르시되 어떤 도시에 하나님을 두려워하지 않고 사람을
  무시하는 한 재판장이 있는데

3 그 도시에 한 과부가 있어 자주 그에게 가서 내 원수에 대
  한 나의 원한을 풀어 주소서 하되

4 그가 얼마 동안 듣지 아니하다가 후에 속으로 생각하되
  내가 하나님을 두려워하지 않고 사람을 무시하나

5 이 과부가 나를 번거롭게 하니 내가 그 원한을 풀어 주
  리라 그렇지 않으면 늘 와서 나를 괴롭게 하리라 하였느
  니라

6 주께서 또 이르시되 불의한 재판장이 말한 것을 들으라

7 하물며 하나님께서 그 밤낮 부르짖는 택하신 자들의 원
한을 풀어 주지 아니하시겠느냐 그들에게 오래 참으시
겠느냐

8 내가 너희에게 이르노니 속히 그 원한을 풀어 주시리라
그러나 인자가 올 때에 세상에서 믿음을 보겠느냐 하시
니라

조급한 이 시대를 향한 메시지,
"포기하지 말고 항상 기도하라"

누가복음 18장에는 한 재판장이 등장합니다. 이 재판장은 안하무인이었습니다. 그는 하나님을 두려워하지 않고 사람을 무시했습니다. 한마디로, 정의롭지 않은 재판장이었습니다. 과부가 등장합니다. 과부는 그 당시 약자를 상징합니다. 보호받지 못하는 철저히 소외된 약자를 의미합니다.

과부는 불의한 재판장에게 자주 가서 "내 원수에 대한 나의 원한을 풀어 주소서"(눅 18:3)라고 호소했습니다. 그러나 불의한 재판장은 들은 척도 하지 않았습니다. 불의한 재판장은 여러 번 청해도 들어주지 않아 청원하는 사람이 지쳐서 포기하게 했습니다. 이것이 불의한 재판장의 전략이었습니다. 과부가 청원했을 때도 불의한 재판장은 같은 방법을 사용했습니다. 불의한 재판장에게 주도권이 있었습니다. 과부가 아무리 청원해도 계란으로 바위를 치는 것 같았습니다. 불의한 재판장은 과부의 청원을 들어주지 않을 것이 분명했습니다.

그런데 의외의 상황이 전개됩니다. 과부는 결코 만만한 사람이 아니었습니다. 집요하게 재판장을 찾아가 그를 번거롭게 했습니다. 재판장의 전략이 과부에게는 통하지 않았습니다. 당황한 재판장은 "이 과부가 나를 번거롭게 하니 내가 그 원한을 풀어 주리라 그렇지 않으면 늘 와서 나를 괴롭게 하리라"(눅 18:5)라고 했습니다. 재판장은 힘이 없어 뜻을 굽힌 것이 아닙니다. 과부가 자주 찾아와서 번거롭게 하니 더 이상 견디지 못한 것입니다. 만일 과부의 청원을 들어주지 않으면 더 자주 찾아와서 자신을 괴롭게 할 것 같아 포기했습니다. 도무지 이루어질 수 없는 일이 이루어졌습니다. 과부가 포기하지 않고 매달렸기 때문에 일이 이루어졌습니다.

누가복음 18:1에 의하면, 예수님은 '항상 기도하고 낙심하지 말아야 할 것'을 가르치시기 위해 불의한 재판장과 과부의 비유를 들려주셨습니다. 본문에 등장하는 재판장은 하나님을 두려워하지 않고 사람을 무시하는 불의한 재판장이었음에도 과부의 호소를 들어주었습니다. 그렇다면 하나님은 어떻게 하시겠습니까. 예수님은 "하물며 하나님께서 그 밤낮 부르짖는 택하신 자들의 원한을 풀어 주지 아니하시겠느냐 그들에게 오래 참으시겠느냐"(눅 18:7)라고 말씀하셨습니다.

> "너희가 악한 자라도 좋은 것으로 자식에게 줄 줄 알거든 하물며 하늘에 계신 너희 아버지께서 구하는 자에게 좋은 것으로 주시지 않겠느냐" 마 7:11

기도하는 사람은 낙심할 이유가 없습니다.

마귀의 전략인 낙심을 이기고 하나님을 주목하라

무엇이든 시작할 때는 순발력이 필요합니다. 그러나 계속해서 해내려면 지구력이 필요합니다. 포기하고 낙심해서는 안 됩니다. 그런데 오늘날 우리를 낙심하게 하는 것들이 많습니다. 사람들을 빨리 포기하게 하는 것, 마음대로 되지 않으면 쉽게 그만두게 하는 것이 이 시대의 문화입니다. 사람들이 성급하고 조급합니다. 쉽게 포기합니다. 끈질기지 않습니다.

오늘날의 문화가 신앙생활에도 영향을 끼칩니다. 사람들은 기도하지만 빨리 응답 받기를 원합니다. 몇 번 기도했는데도 하나님이 응답하지 않으시면 더 이상 기도하지 않습니다. 기도하는 사람은 응답 받지 못해도 포기해서는 안 됩니다. 응답의 유무와 상관없이 항상 기도해야 합니다.

기도해도 응답 받지 못할 때 사람들은 낙심합니다. 낙심은 기도하는 사람에게 강적입니다. 사람들은 기도하면서도 '내가 기도한다고 변화될까?'라고 생각합니다. 기도하는 자신의 모습이 처량하게 느껴집니다. 기도는 하나님께 집중하는 것입니다. 기도하다가 하나님께 집중하지 못하고 자신을 주목할 때, 사람들은 낙심합니다. 낙심하면 기도할 수 없습니다. 마귀는 기도하는 사람을 낙심하게 하여 더 이상 기도하지 못하게 합니다.

구하는 대로 응답되지 않아 포기한다면 기도하는 것이 아닙니다. 기도하는 사람은 포기하지 않고 밤낮 하나님께 부르짖어야 합니다.

"내가 너희에게 이르노니 속히 그 원한을 풀어 주시리라 그러나 인자가 올 때에 세상에서 믿음을 보겠느냐" 눅 18:8

여기서 '믿음'은 포기하지 않는 믿음을 의미합니다. 기도하는 대상을 바라보고 포기하지 않고 계속해서 부르짖는 것이 믿음입니다. 포기하는 것은 믿음의 행위가 아닙니다. 끝까지 가는 것이 믿음입니다. 포기하지 않고 주의를 기울여 기도해야 합니다.

하나님을 믿기에
포기할 수 없다

포기하지 않고 기도한다는 것은 단순히 의지의 문제가 아닙니다. 인내력이나 의지가 강한 것과는 다릅니다. 사람에게서 나오는 의지와 인내력으로는 포기하지 않고 기도할 수 없습니다.

믿음으로 포기하지 않고 기도하는 것은 단순히 참고 기도하는 것과는 다릅니다. 포기할 수 없는 무엇인가를 발견한 사람은 포기하지 않고 믿음으로 기도할 수 있습니다. 하나님이 포기하지 않게 하시기 때문입니다.

우리가 의지적으로 노력해서 믿음을 가진 것이 아닙니다. 포기하지 않고 계속해서 기도하는 힘은 하나님으로부터 비롯됩니다. 믿으려고 해도 믿어지지 않는 사람이 많습니다. 믿음은 하나님이 우리에게 주시는 것입니다. 우리의 의지와 상관없이 믿어집니다. 믿지 않는 것이 오히려 더 힘듭니다.

아브라함은 자신의 의지로 갈대아 우르를 떠난 것이 아닙니다. 당시에는 조상 때부터 살던 지역을 떠나는 것이 자살 행위와도 같았습니다. 하나님이 아브라함을 부르시고 "너는 너의 고향과 친척과 아버지의 집을 떠나 내가 네게 보여 줄 땅으로 가라"(창 12:1)라고 말씀하셨기 때문에 아브라함은 갈대아 우르를 떠날 수 있었습니다. 시작하는 지점에 하나님이 계시는가가 매우 중요합니다.

포기하지 않는 것이 믿음입니다. 믿음이 있기 때문에 포기하지 않을 수 있습니다. 믿음의 사람은 무엇인가를 보았으므로 포기하지 않습니다. 아니, 포기할 수 없습니다. 믿음의 사람은 하나님이 응답하실 때까지 기다립니다. 기도에 응답하시는 하나님을 믿기 때문에 기다릴 수 있습니다. 하나님이 응답하실 때까지 기다리는 것이 믿음입니다.

다윗은 여호와를 기다리고 기다렸습니다.

"내가 여호와를 기다리고 기다렸더니 귀를 기울이사 나의 부르짖음을 들으셨도다" 시 40:1

여호와를 기다리고 기다리는 것이 믿음입니다. 믿음은 기다리는 것입니다. "내가 여호와를 기다리고 기다렸더니"라는 말씀이 NIV 성경에는 "I waited patiently for the LORD"라고 기록되어 있습니다. 인내함으로 기다렸다는 의미입니다. 더 정확하게 표현하면, 하나님이 응답하실 때까지 꼼짝하지 않고 인내하며 기다렸다는 뜻입니다. 하나님이 응답하실 것을 믿고 하나님을 잠잠히 기다리고 바랐다는 의미입니다.

> "나의 영혼아 잠잠히 하나님만 바라라 무릇 나의 소망이 그로 부터 나오는도다" 시 62:5

하나님이 기도에 응답하실 것을 기다리는 사람은 잠잠히 하나님만 주목하고 집중합니다. 다른 것에 관심을 가지지 않습니다. 자신의 소망이 어디에서 나오는가를 분명하게 아는 사람은 인내할 수 있습니다. 하나님을 잠잠히 바랄 수 있습니다. 하나님께 소망이 있다는 것을 아는 사람은 기다립니다. 하나님 외에 다른 길이 없다는 것을 아는 사람은 기도합니다.

어려움이 닥쳤을 때 입을 열어 원망하고 불평하면 마음이 흔들립니다. 마음이 흔들리면 낙심할 수 있습니다. 어려움이 닥쳤을 때는 잠잠히 기다려야 합니다. 침묵해야 합니다. 하나님이 역사하시는 때를 기다려야 합니다. 포기하거나 낙심해서는 안 됩니다. 하나님께 끈질기게 매달려야 합니다.

오래 기다리는 시간을 통해 불순물을 제거하신다

처음에 기도할 때 우리는 하나님의 응답에만 초점을 맞춥니다. 하나님의 응답이 늦어져 하나님을 기다리고 기다릴수록 우리는 하나님께 더욱 집중합니다. 하나님의 응답이 늦어질수록 하나님과 함께하는 시간이 많아집니다. 그 시간을 통해 우리는 하나님을 더욱 알아갈 수 있습니다. 우리 안에 있는 불순물이 사라집니다. 하나님의 응답이 늦어지는 것이 오히려 우리에게 복이 됩니다.

우리의 기도 속에는 많은 것이 숨어 있습니다. 그 불순물이 제거되어야 하나님이 우리의 기도에 응답하십니다. 기도하는 동안 하나님이 우리의 기도를 다듬어 주십니다. 하나님은 먼저 우리의 기도 속에 숨어 있는 잘못된 욕심, 욕망, 이기심 등을 제거하십니다.

우리가 하나님의 응답을 기다리는 동안 하나님은 우리의 기도를 제련하십니다. 하나님은 우리가 하나님의 말씀에 초점을 맞추어 기도하도록, 하나님의 뜻에 일치하게 기도하도록 우리의 기도를 다듬으십니다. 하나님은 우리의 기도를 새롭게 하신 후에 기도에 응답하십니다.

우리는 하나님이 응답하실 때까지 기다리고 기다려야 합니다. 하나님의 응답이 더딘 것 같아도 우리가 바르게 기도하고 있다면 마음은 평안합니다. 담대해집니다. 기도의 차원이 달라집니다. 기도하는 동안 마음이 평안해진다면 하나님이 우리의 기도에 응답하신 것입니다. 기도하는 동안 마음이 초조하다면 하나님이 응답하신 것이 아닙니다. 우리의 기도 속에 불순물이 있기 때문입니다.

우리는 명료하게 기도해야 합니다. 무엇을 구하는지 분명해야 합니다. 하나님이 들으실 만한 기도를 해야 합니다. 처음에는 무엇을 구하는지 분명하지 않습니다. 그러나 하나님의 응답을 기다리고 기다리며 끈질기게 기도할수록 기도가 점점 명확해집니다. 그러므로 하나님의 응답을 기다리는 시간은 우리에게 유익합니다. 빨리 응답되는 것이 좋은 것은 아닙니다. 오랫동안 기도할수록 기도다운 기도를 할 수 있기 때문입니다.

우리는 잘못된 기도를 드리거나 헛된 것을 구할 때가 많습니다. 기도의 방향이 잘못된 경우가 많습니다. 기다리고 기다리는 시간을 통해 기도의 궤도를 수정할 수 있습니다. 기도의 궤도를 수정할 때 기도가 완전히 달라질 수 있습니다. 군더더기가 모두 없어집니다. 우리 안에 있는 욕망이 사라졌기 때문입니다. 그동안 얼마나 부질없는 것을 구했는가를 깨닫습니다. 헛된 것을 더 이상 구하지 않습니다. 하나님의 뜻대로 구할 수 있습니다.

우리가 낙심하지 않고 기도해야 하는 이유가 있습니다. 하나님의 응답을 기다리는 동안 하나님은 우리가 구한 것이 아닌 다른 것으로 응답하시기 때문입니다. 하나님은 우리가 구하는 것보다 훨씬 풍성하게 응답하기를 원하십니다. 이것이 기도의 묘미입니다.

야곱의 가족은 양식을 구하러 애굽에 갔습니다. 그곳에서 양식만 구한 것이 아니라, 잃어버렸던 요셉을 다시 만났습니다. 게다가 애굽에서 가장 기름진 고센 땅에서 살게 되었습니다. 온 지면에 기근이 있어 고통당할 때, 야곱의 가족은 고센 땅에서 풍요를 누렸습니다.

요셉은 우여곡절을 많이 겪었습니다. 그 시간을 통해 하나님은 요셉의 인생을 만들어 가셨습니다. 요셉을 통해 야곱의 가족을 일으키셨습니다. 하나님은 요셉의 삶을 통해 하나님의 섭리를 이루어 가셨습니다. 이것이 하나님이 일하시는 방식입니다.

아이를 임신했다면 10개월을 기다려야 합니다. 때가 차야 합니다. 아무리 보고 싶어도 때를 기다려야 합니다. 손가락, 발가락, 눈, 코, 뼈 등 모든 것이 만들어져야 합니다. 우리가 간절히 원해도, 하나님은 하나님의 때에 응답하십니다. 우리는 하나님의 때를 기다리고 기다려야 합니다.

물론 하나님이 기적을 행하시는 때가 있습니다. 이스라엘 백성은 출애굽한 이후에 하나님의 기적을 많이 체험했습니다. 기적이 그렇게 많이 일어났던 때가 없었습니다. 하지만 이스라엘 백성은 기적을 보았음에도 하나님을 원망했습니다. 이스라엘 백성은 홍해를 마른 땅같이 건넜습니다. 그러나 사흘이 지나자 마실 물이 없다고 하나님을 원망했습니다.

하나님이 기적을 보여 주셔도 기적을 기적으로 보지 못하면 아무 소용없습니다. 이스라엘 백성은 미숙하여 기적을 행하신 하나님을 보지 못했습니다. 그래서 상황이 나빠지자 원망하고 불평했습니다. 모세를 죽이려고 했습니다. 이스라엘 백성은 날마다 기적을 경험하며 살았지만, 돌아서면 하나님을 반역했습니다. 사람들은 자신이 기도한 대로 즉각 응답되는 기적이 일어나도 달라지지 않습니다. 돌아서면 하나님을 반역합니다. 얼마 지나지 않아 또 다른 기적을 원합니다.

기다리는 시간을 통해
하나님이 하시는 일

하나님이 즉각 응답하시면 좋을 텐데, 왜 기다리게 하실까요? 우리가 기도하고 기다리는 동안 하나님은 우리가 하나님을 더욱 신뢰하게 하십니다. 하나님의 응답을 기다리는 시간이 길어질수록 하나님을 깊이 신뢰할 수 있습니다. 하나님을 신뢰하지 못하면 하나님을 기대할 수도, 응답을 기다릴 수도 없습니다.

하나님은 기다리게 하심으로 더 좋은 것을 주십니다. 기도하여 응답 받는 것보다 기도하는 과정이 중요합니다. 우리가 기도하고 하나님의 응답을 기다리는 동안 수많은 놀라운 일이 일어납니다. 하나님의 응답을 기다리는 동안 믿음이 자라고 하나님을 더욱 신뢰하게 됩니다. 하나님께 더 가까이 나아가게 됩니다.

기도하는 사람은 기도를 통해 성장합니다. 기도하는 사람은 믿음으로 인내하는 가운데 성장합니다. 참으로 놀라운 일입니다. 하나님은 아브라함에게 후손을 주겠다고 약속하셨습니다. 그런데 그 일이 금방 이루어지지 않았습니다. 아브라함이 하나님의 때를 기다리고 기다리는 동안 그의 믿음이 자랐습니다.

오늘날 우리가 신앙생활을 제대로 하려면 충동적인 현대 문화와 싸워야 합니다. 우리가 기도한 대로 즉각 응답 받기를 원하고,

쉽게 이루어지는 것을 보려고 하면 사탄의 술수에 넘어갈 확률이 높습니다. 사탄은 빨리, 속전속결의 명수입니다. 사탄은 과정을 무시하고 결과를 중요하게 생각합니다. 수단과 방법을 가리지 않습니다. 마귀는 "네가 만일 하나님의 아들이어든 명하여 이 돌들로 떡덩이가 되게 하라"(마 4:3)라고 말하여 예수님을 시험했습니다. 말 한마디로 모든 것을 바꾸어 놓으라는 유혹입니다. 오늘날 마귀는 우리에게 "네가 가진 힘으로 상황을 한순간에 뒤집어 놓을 수 있다"고 속삭입니다. 마귀는 과정을 중요하게 생각하지 않고, 목적을 이루는 것만 생각합니다.

누가 인내하며 기다릴 수 있습니까? 오직 하나님을 바라는 사람이 인내하며 기다릴 수 있습니다(시 62:5). 오직 하나님만이 우리의 소망이 되십니다. 바라는 것이 하나님으로부터 비롯된다는 것을 믿는 사람은 응답을 포기하지 않습니다.

사무엘의 어머니 한나는 처음에 브닌나가 자신을 심히 격분하게 하고 괴롭게 하는 것으로 인해 하나님께 기도했습니다. 한나는 처음에는 현실의 문제로 기도했습니다. 자식을 달라고 기도했습니다. 시간이 흐름에 따라 한나는 자신이 사는 시대를 위해 기도했습니다. 기도할수록 한나의 기도가 커졌습니다. 기도가 깊어짐에 따라 한나는 하나님과 소통했습니다. 마침내 하나님은 한나에게 사무엘을 주셨습니다. 한나는 사무엘을 하나님께 올려 드렸습니다. 기도가 깊어지자 한나는 자신의 문제에 매이지 않았습니다. 한나는 기도를 통해 하나님을 만났습니다.

기도 응답에 초점을 맞추고 기도하다가 포기한다면, 그는 기도가 무엇인지 알지 못하는 사람입니다. 충동적으로 기도하는 사람은 기도를 제대로 배울 수 없습니다. 조급한 마음으로 기도하는 사람은 기도가 무엇인지 알 수 없습니다. 기도를 통해 경험하는 풍성한 은혜를 누릴 수 없습니다. 우리는 기도를 통해 인내를 배워야 합니다. 기도해도 하나님이 응답하지 않으시면, 우리는 애가 타는 듯합니다. 그러나 하나님은 우리를 낙심시키지 않으십니다. 하나님은 인내하게 하심으로 우리의 믿음을 굳건하게 하십니다. 어떤 상황에도 흔들리지 않는 믿음을 갖게 하십니다.

믿음은 하루아침에 자라지 않습니다. 믿음이 자라는 데는 세월이 필요합니다. 수많은 경험을 통해 우리의 믿음이 자랍니다. 아브라함이 그러했습니다. 그는 수많은 아픔과 실패를 경험했습니다. 하나님은 아브라함을 위로하고 격려하고 인도하셨습니다. 마침내 아브라함은 하나님의 백성이 되었습니다.

우리도 마찬가지입니다. 실패를 많이 했음에도 우리가 하나님을 예배하는 자리에 있는 것은 하나님의 은혜입니다. 하나님은 우리에게 많은 사건을 경험하게 하셔서 하나님 앞에 있게 하셨습니다. 우리가 하나님을 포기하지 않은 것이 아니라, 하나님이 우리를 포기하지 않으셔서 우리가 지금 여기에 있습니다.

많은 유혹과 시련을 겪을 때는 모든 것을 포기하고 싶습니다. 그러나 모든 고난을 이겨 낼 때 우리의 믿음이 자랍니다. 신앙생활이 늘 경쾌하고 신나는 것은 아닙니다. 신앙생활은 장기전입니다. 때로는 포기하고 싶을 때도 있습니다. 그러나 하나님과 우리는 이어져 있습니다. 하나님이 우리를 굳게 붙들고 계십니다. 우리는 하나님께 묶여 있습니다.

믿음은 포기하지 않는 것입니다. 포기하지 않고 계속해서 하나님께 매달리는 사람은 기도의 풍성한 은혜를 경험할 수 있습니다. 기도는 기다리고 기다리는 것입니다. 끈질기고 집요하게 기도해야 합니다. 끈질기게 기도함으로 하나님과의 관계가 깊어질 수 있습니다.

항상 기도하며 사는 것이 최고의 삶

예수님은 우리가 구할 것이 있을 때만 기도하는 것이 아니라, 항상 기도하기를 원하십니다. 항상 기도하려면 낙심하지 말아야 합니다. 낙심하지 않으려면 쉽게 포기해서는 안 됩니다. 성경은 "모든 기도와 간구를 하되 항상 성령 안에서 기도하고 이를 위하여 깨어 구하기를 항상 힘쓰며 여러 성도를 위하여 구하라"(엡 6:18), "기도를 계속하고 기도에 감사함으로 깨어 있으라"(골 4:2), "쉬지 말고 기도하라"(살전 5:17)라고 말합니다. 우리는 기도하는 사람이기 때문에 쉬지 않고 기도해야 합니다. 항상 기도해야 합니다. 계속 기도해야 합니다.

그런데 항상 기도하는 것이 쉽지 않습니다. 사람들은 기도를 놓칠 때가 많습니다. 시간이 지난 후에 기도하지 않은 것을 후회할 때가 많습니다. 하나님은 우리가 기도할 수밖에 없도록 하셔서 하나님께 밤낮 부르짖게 하십니다. 그러므로 우리는 하나님이 빨리 응답하지 않으시는 것으로 인해 낙심하거나 포기해서는 안 됩니다. 하나님이 빨리 응답하지 않으셔도, 우리는 계속 부르짖어야 합니다. 그러다 보면 항상 기도하게 됩니다. 하나님이 빨리 응답하지 않으셔도 하나님께 나아가 부르짖을 때, 우리는 하나님이 주시는 은혜를 경험할 수 있습니다.

하나님께 나아가 부르짖는 시간을 통해 우리는 하나님을 알아갑니다. 하나님을 더욱 경험할 수 있습니다. 하나님의 사람이 됩니다. 항상 기도하다 보면 하나님과 보내는 시간이 많아집니다.

하나님이 응답하시든 응답하지 않으시든, 하나님은 우리가 하나님 안에 머물기를 원하십니다. 이것이 하나님이 우리로 기도하게 하시는 의도입니다.

신앙은 사람의 실력, 능력과는 관계가 없습니다. 하나님이 보여 주시는 것을 본 사람은 포기하지 않고 하나님을 따라갑니다. 이것이 믿음입니다. 신앙은 하나님께 붙잡혀 하나님만 응시하는 것입니다. 우리가 하나님께 붙잡혀 살아갈 때, 하나님은 우리를 통해 하나님의 일을 행하실 것입니다.

과부는 재판장에게 결정권이 있다는 것을 알았습니다. 과부는 쉽게 포기할 수 없었습니다. 하나님은 신실하십니다. 불의한 재판장과는 비교할 수 없습니다. 하나님이 우리의 재판장 되십니다. 하나님은 우리가 구하는 것을 반드시 들어주십니다. 우리는 포기하지 않고 끈질기게 기도해야 합니다.

우리는 하나님이 누구신가를 압니다. 우리는 인내하며 하나님을 바라보아야 합니다. 항상 기도해야 합니다. 이것이 복입니다. 기도는 하나님의 사랑 안에 머무는 것입니다. 하나님을 주목하는 것입니다. 기도의 자리를 지키는 것이 복입니다.

응답이 지체되어도 하나님을 원망하지 마십시오. 오히려 하나님께 감사하기 바랍니다. 오랫동안 기도할수록 하나님을 더욱 알아갈 수 있습니다. 기도하는 시간을 통해 하나님이 우리를 빚어 주실 것입니다. 우리의 삶이 더욱 풍성해질 것입니다. 하나님의 역사를 기대하며 살아갑시다. 기도하는 것보다 나은 것이 없습니다. 포기하지 않고 하나님께 전적으로 매달리면 됩니다. 항상 기도하며 사는 삶이 최고입니다.

기다림을 통해 더욱 성숙해지는
삶을 위한 기도문

기도의 소리가
간절함의 소리가
애통함의 소리가
하나님께 들리지 않는 듯한
낙심되는 마음을 붙들고
하나님께 나아갑니다

기도의 응답이 지체되어 갈수록
기도를 포기하고 쉬운 해답을 찾으라는
세상의 소리가 마음속에 가득해져 갑니다

낙심하지 않고
포기하지 않고
흔들리지 않고
기도의 자리를 지킬 수 있도록 도와주소서

항상 기도하는 자의 소리에

밤낮 부르짖는 자의 소리에
아빠 아버지의 마음으로 귀 기울이고 계심을
믿음의 눈으로 바라보게 하소서

흔들리는 마음을 붙들고
잠잠히 침묵하며 끈질기게
내가 원하는 때의 응답이 아닌
하나님의 때를 기다리며 기도하는 사람이 되게 하소서

흔들리는 세상 속에서
하나님의 약속을 붙들고
흔들리지 않고 기도의 자리를 지키게 하소서

하나님의 응답을 신뢰하고
하나님의 일하심을 신뢰하고
하나님의 섭리와 전지전능하심을 신뢰하고
하나님의 사랑과 긍휼을 신뢰하게 하소서

세상은 이해할 수 없으나
오랜 기다림을 통해
성숙되어 가는 신앙의 진리를 알게 하시고
기다림이 기대가 되어
신뢰와 기대를 가지고 기도하는 자가
온전한 자로 자라가는 시간이 되게 하소서

7장

역전의 기도

상처 속에서 기도할 때
인생에 꽃이 핀다

사무엘상 1:1-11

1 에브라임 산지 라마다임소빔에 에브라임 사람 엘가나라 하는 사람이 있었으니 그는 여로함의 아들이요 엘리후의 손자요 도후의 증손이요 숩의 현손이더라

2 그에게 두 아내가 있었으니 한 사람의 이름은 한나요 한 사람의 이름은 브닌나라 브닌나에게는 자식이 있고 한나에게는 자식이 없었더라

3 이 사람이 매년 자기 성읍에서 나와서 실로에 올라가서 만군의 여호와께 예배하며 제사를 드렸는데 엘리의 두 아들 홉니와 비느하스가 여호와의 제사장으로 거기에 있었더라

4 엘가나가 제사를 드리는 날에는 제물의 분깃을 그의 아내 브닌나와 그의 모든 자녀에게 주고

5 한나에게는 갑절을 주니 이는 그를 사랑함이라 그러나 여호와께서 그에게 임신하지 못하게 하시니

6 여호와께서 그에게 임신하지 못하게 하시므로 그의 적수인 브닌나가 그를 심히 격분하게 하여 괴롭게 하더라

7 매년 한나가 여호와의 집에 올라갈 때마다 남편이 그같이 하매 브닌나가 그를 격분시키므로 그가 울고 먹지 아니하니

8 그의 남편 엘가나가 그에게 이르되 한나여 어찌하여 울며 어찌하여 먹지 아니하며 어찌하여 그대의 마음이 슬프냐 내가 그대에게 열 아들보다 낫지 아니하냐 하니라

9 그들이 실로에서 먹고 마신 후에 한나가 일어나니 그 때에 제사장 엘리는 여호와의 전 문설주 곁 의자에 앉아 있었더라

10 한나가 마음이 괴로워서 여호와께 기도하고 통곡하며

11 서원하여 이르되 만군의 여호와여 만일 주의 여종의 고통을 돌보시고 나를 기억하사 주의 여종을 잊지 아니하시고 주의 여종에게 아들을 주시면 내가 그의 평생에 그를 여호와께 드리고 삭도를 그의 머리에 대지 아니하겠나이다

고난은 기도의 자리로
이끄는 도구다

문제가 생겼을 때 피하려고 하는 사람이 많습니다. 이는 문제에 대한 일반적인 반응입니다. 사람들은 문제에 직면하기를 두려워합니다. 사람들은 문제를 부정적으로 보기 때문에 두려워하고 피하려고 합니다.

우리는 문제, 고난 등을 불행이라고 생각하며 살아왔습니다. 고난은 저주요, 실패는 불행이라고 여겼습니다. 지은 죄가 많아 어려움을 겪는다고 생각했습니다. 어려움을 겪는 것을 벌 받는 것으로 간주했습니다. 어려움을 겪는 당사자도 그렇게 생각합니다. 물론 징계 받아 고난을 겪는 경우도 있습니다. 그러나 모든 고난이 징계는 아닙니다.

신앙생활은 신자의 관점을 바꿉니다. 말씀을 읽고 기도하며 묵상하다 보면 세상을 보는 관점이 달라집니다. 성경적 안목을 갖게 됩니다. 고난을 대하는 태도와 관점에 따라 고난을 다르게 해석할 수 있습니다.

사무엘상 1장에는 한나라는 여인이 등장합니다. 한나는 남편 엘가나에게 사랑을 받았지만, 엘가나와 한나 사이에는 아이가 없었습니다. 당시 사회에서 아이를 낳지 못하는 것은 매우 심각한 문제였습니다. 소망이 없다는 의미였습니다. 마찬가지로 이스라엘의 미래 또한 보이지 않았습니다. 아이를 낳지 못한 한나의 고통은 당시 이스라엘의 상태를 의미하는 것이기도 합니다. 한나의 고통과 이스라엘의 고통이 비슷하다고 말하기 위해 사무엘상은 한나의 이야기로 시작합니다.

"에브라임 산지 라마다임소빔에 에브라임 사람 엘가나라 하는 사람이 있었으니 그는 여로함의 아들이요 엘리후의 손자요 도후의 증손이요 숩의 현손이더라" 삼상 1:1

여기에 엘가나의 족보를 길게 기록한 이유가 있습니다. 전통 있는 가문, 유복한 가문임을 강조하기 위해서입니다.

엘가나에게는 아내가 두 명 있었습니다. 브닌나에게는 자식이 있었고, 한나에게는 자식이 없었습니다. 여기에서 갈등이 시작됩니다. "여호와께서 그에게 임신하지 못하게 하시므로 그의 적수인 브닌나가 그를 심히 격분하게 하여 괴롭게 하더라"(삼상 1:6). 브닌나는 한나의 적수였습니다. 브닌나는 한나를 심히 격분하게 했고 괴롭혔습니다. "매년 한나가 여호와의 집에 올라갈 때마다 남편이 그같이 하매 브닌나가 그를 격분시키므로 그가 울고 먹지 아니하니"(삼상 1:7). 한나가 매년 여호와의 집에 올라갔다는 것은 매년 하나님께 예배드렸다는 의미입니다. 그럼에도 브닌나는 여전히 한나를 격분시켰습니다. 이로 인해 한나는 고통을 받았고 절망했으며 분노했습니다.

엘가나는 한나에게 좋은 남편이었습니다. 엘가나는 한나를 위로하고 많이 배려하여 갑절의 분깃을 한나에게 주었습니다. 그러나 이로 인해 브닌나는 한나를 더욱 괴롭혔습니다. 엘가나의 위로와 배려는 한나에게 아무 소용없었습니다. 한나는 더욱 괴로워 마음이 평안할 수 없었습니다. 누군가로부터 공격을 받으면 마음이 힘듭니다. 우리도 흔히 경험하는 일입니다. 세상 사람들은 상대방의 약점을 잘 알아 계속 공격하고 상처를 줍니다.

"한나가 마음이 괴로워서 여호와께 기도하고 통곡하며" 삼상 1:10

한나는 기도하지 않을 수 없었습니다. 한나는 울분에 차서 탄식하며 하나님께 기도했습니다. 불임의 아픔보다 브닌나가 괴롭히는 것으로 인한 아픔이 더 컸습니다. 브닌나는 한나로 하여금 기도하게 했습니다. 브닌나로 인해 기도한 한나는 마침내 사무엘을 낳았습니다.

그렇다고 브닌나가 한나에게 좋은 일을 했다고 생각해서는 안 됩니다. 브닌나처럼 악역을 맡는 사람은 어디에든 있습니다. 예수님이 십자가에 못 박혀 죽으시려면 가룟 유다와 같은 사람이 필요합니다. 그래서 가룟 유다가 구원 사역에 기여한 것으로 생각하는 사람이 있습니다. 그렇게 생각해서는 안 됩니다. 결과가 좋았다고 해서 악을 정당화할 수는 없습니다.

한나는 자신의 아픔을 가지고 하나님 앞으로 나아갔습니다. 삶 속에서 경험하는 아픔과 고통에 어떻게 반응하는가가 중요합니다. 문제가 생겼을 때, 신자는 하나님께 기도해야 합니다. 힘든 상황은 문제되지 않습니다. 기도하는 데 열심을 내지 않는 것이 문제입니다. 사람은 웬만큼 어려워서는 기도하지 않습니다. 절박해야 기도합니다. 고난이 너무 크면 기도하지 않을 수 없습니다. 기도 외에는 문제를 해결할 방법이 전혀 없어서 기도합니다. 그러므로 고난을 통해 기도하는 법을 배웁니다.

기도할 때 문제가
은혜로 역전된다

신자는 모든 문제를 기도로 해결해야 합니다. 문제의 해답은 하나님께 있습니다. 우리가 기도하면, 하나님은 어떤 형태로든 응답해 주십니다. 우리가 기도하면, 하나님은 우리의 문제를 해결해 주십니다. 문제로 인해 기도하는 우리의 관점을 바꾸어 주십니다. 삶 속에서 경험하는 다양한 문제를 어떻게 받아들이는가가 중요합니다.

우리를 힘들게 하는 사람은 늘 있습니다. 우리를 힘들게 하는 사람을 원망해서는 안 됩니다. 우리를 힘들게 하는 사람이 있기 때문에 우리가 기도합니다. 힘들게 하는 사람은 기도하게 하는 동기가 됩니다. 육체적으로, 재정적으로, 정신적으로 고난이 극심하여 하나님께 기도하는 사람이 있습니다. 이런 경우, 고난은 기도하게 하는 동기가 됩니다.

한나는 자식이 없는 것 외에는 큰 어려움이 없었습니다. 그런데 브닌나는 한나를 심히 격분하게 하고 절망하게 했습니다. 그래서 한나는 하나님께 기도했습니다. 한나는 기도함으로 하나님을 깊이 경험했습니다.

우리는 문제를 문제로만 봅니다. 이것이 우리의 한계입니다. 문제를 부정적으로만 보아서는 안 됩니다. 문제를 보는 시각을 바꾸어야 합니다. 힘들게 하는 사람 때문에 불평해서는 안 됩니다. 문제 안에는 하나님의 복이 있습니다. 문제 안에 있는 하나님의 복을 보아야 합니다. 나를 힘들게 하는 것 때문에 하나님의 복을 보지 못한다면, 그것은 진짜를 놓치는 것입니다.

이집트의 나일강은 해마다 범람합니다. 나일강이 범람하면 이집트에 홍수가 납니다. 이집트에 홍수가 날 때 아프리카 위쪽에서 밀려온 흙으로 인해 나일강 유역에 삼각주가 형성됩니다. 이집트는 그곳에 농작물을 심어 수확하여 일찍이 도시 국가를 이룰 수 있었습니다. 홍수가 일어난 것이 오히려 복이 되었습니다.

현대에 이르러 홍수로 인해 나일강이 범람하는 것을 막기 위해 댐을 놓았습니다. 그 후 나일강 물은 더 이상 범람하지 않게 되었지만, 이로 인해 풍성한 수확을 더 이상 얻을 수 없게 되었습니다. 이집트의 경제가 어려워졌습니다.

살다 보면 어려운 일을 겪을 때가 있습니다. 삶에 어려운 일이 생기는 데는 이유가 있습니다. 하나님의 비밀이 있습니다. 어려운 일을 겪음으로 복을 누리게 하시려는 하나님의 계획이 있습니다. 그러므로 어려운 일이 생기면 하나님의 계획을 알기 위해 기도해야 합니다. 고통에는 하나님의 뜻이 있습니다. 고통 가운데 하나님의 비밀이 있습니다. 고통은 고통으로 끝나지 않습니다. 우리는 고통을 가지고 기도의 자리로, 하나님께로 나아가야 합니다. 상처를 가지고 울고 있으면 안 됩니다. 상처를 가지고, 아픔을 가지고 기도해야 합니다. 문제는 복입니다. 감당할 수 없을 만큼 큰 문제는 어마어마한 복입니다. 문제를 보는 관점을 바꾸어야 합니다.

기도가 깊어지는 순간, 하나님과 동역자가 된다

힘든 감정을 기도로 승화해야 합니다. 분노나 마음의 괴로움을 기도로 승화해야 합니다. 기도로 난관을 극복해야 합니다. 어려움이 있을 때는 어느 누구도 도움이 되지 않습니다. 사람의 말은 전혀 위로가 되지 않습니다. 고통은 자신의 몫입니다. 누구도 고통을 대신 겪을 수 없습니다. 기도 또한 마찬가지입니다. 대신 기도할 수 없습니다. 자신이 직접 기도하여 극복해야 합니다. 신자는 스스로 기도하여 현실의 어려움을 이겨 내야 합니다. 기도하여 고난을 극복해야 합니다.

"만군의 여호와여 만일 주의 여종의 고통을 돌보시고 나를 기
억하사 주의 여종을 잊지 아니하시고 주의 여종에게 아들을 주
시면 내가 그의 평생에 그를 여호와께 드리고 삭도를 그의 머
리에 대지 아니하겠나이다" 삼상 1:11

한나는 하나님 앞에 나아가 기도했습니다. 한나는 원통하고 억
울하여 하나님께 기도했습니다. 그러자 한나의 기도가 깊어졌습
니다. 한나는 자신에게 아들을 주시면 하나님께 드리겠다고 서원
하며 기도했습니다. 한나는 자신의 소원이 성취되기를 기도한 것
이 아니라, 하나님을 위해 헌신하겠다고 기도했습니다.

사실 사무엘상 1:5-6을 보면, "그러나 여호와께서 그에게 임신
하지 못하게 하시니 여호와께서 그에게 임신하지 못하게 하시므
로 그의 적수인 브닌나가 그를 심히 격분하게 하여 괴롭게 하더
라"라고 기록되어 있습니다. 하나님이 한나를 임신하지 못하게
하셨습니다. 그렇다면 한나는 하나님을 원망해야 합니다. 그런
데 한나는 원망하는 대신 자식을 하나님께 드리겠다고 기도했습
니다. 한나는 자식을 통해 자기 신분을 과시하고 열등감을 해소

하려고 하지 않았습니다.

우리의 기도가 하나님께 닿아야 합니다. 우리는 하나님을 닮아 가야 합니다. 기도의 응답 여부보다 더 중요한 것은 기도를 통해 하나님을 만나는 것입니다. 기도의 대상이신 하나님을 닮아 가는 것이 우리가 기도하는 목적이 되어야 합니다.

한나는 하나님께 간절하고도 깊이 있게 기도했습니다. 기도가 깊어지면 하나님의 마음을 알 수 있습니다. 당시에 성전이 있고 사람들이 제사를 드렸지만, 하나님의 마음을 아는 사람은 없었습니다. 한나는 처음에는 자신의 문제 때문에 기도했습니다. 그런데 기도가 깊어져 이스라엘을 향한 하나님의 마음을 느낄 수 있었습니다. 하나님의 마음을 깨달으니 자신의 문제는 아무것도 아니었습니다. 하나님은 자식을 낳지 못하여 고통하는 한나를 통해 하나님의 마음을 드러내고 싶어 하셨습니다.

누구나 처음에는 자신의 문제와 고통 때문에 기도합니다. 그런데 기도가 점점 깊어지면 기도가 달라집니다. 문제가 생겨 기도할 때는 일방적으로 자신의 감정과 생각을 모두 하나님께 쏟아 놓습니다. 감정과 생각을 모두 쏟아 놓고 나면 하나님과 독대합니다. 하나님의 음성에 귀 기울입니다. 하나님과 대화합니다. 기도를 통해 하나님의 마음을 깨닫습니다.

우리가 기도하는 동안 하나님은 우리의 생각을 바꾸십니다. 문제에서 빠져나와 하나님께 집중하게 하십니다. 기도할수록 기도가 달라지고 깊어집니다. 기도가 깊어질수록 생각이 달라집니다. 자신의 세계에서 벗어나 하나님께 집중하게 됩니다. 하나님이 바라보시는 것을 우리가 바라볼 때, 우리는 하나님의 동역자가 됩니다.

상처를 딛고 기도하는 사람이
역사를 바꾼다

한나는 자식을 달라고 기도하기 시작했다가 아들을 주시면 하나님께 드리겠다고 하나님께 반응했습니다. 한나의 기도는 간절했습니다. 한나가 기도하는 모습을 본 엘리 제사장은 한나의 입술만 움직이고 음성은 들리지 않자 그녀가 취했다고 생각했습니다. 그녀를 오해한 엘리 제사장은 기도하는 한나를 책망했습니다. 그만큼 한나는 간절하게 기도했습니다. 한나는 하나님과 교통했습니다. 엘리 제사장은 그렇게 기도하는 사람을 처음 보았습니다. 그렇게 기도하는 사람이 희귀했기 때문입니다. 이를 통해 당시의 영적 상태를 알 수 있습니다. 한나의 기도는 하나님의 마음에 맞는 기도였습니다.

한나의 간절한 기도에 하나님은 응답하셨습니다. 하나님은 한나를 통해 이스라엘을 살리는 지도자 사무엘을 주셨습니다. 하나님은 한나의 기도를 통해 이스라엘의 역사를 바꾸어 놓으셨습니다. 깨어 기도하는 한 사람이 중요합니다. 기도를 통해 하나님과 통해야 합니다. 깨어 기도하는 한 사람이 가정을 살리고 시대를 살립니다.

기도하는 여인의 영향력은 말로 다 표현할 수 없습니다. 여인의 기도가 한 가정을 일으킵니다. 기도하는 어머니, 기도하는 아내가 자녀와 남편을 일으킵니다.

우리를 힘들게 하는 것으로 인해 상처받거나 주저앉으면 안 됩니다. 우리를 힘들게 하는 것으로 인해 오히려 우리의 기도가 깊어져야 합니다. 이 사실을 기억하고 기도의 자리를 지킬 때, 우리는 새 힘을 얻을 수 있습니다.

어두운 시대를 살고 있습니다. 기도하지 않으면 안 되는 시대입니다. 사람이 우리를 힘들게 할 수도 있고, 상황과 환경이 우리를 어렵게 할 수도 있습니다. 하나님은 이러한 상황과 환경 속에서 우리가 기도하기를 원하십니다. 우리가 깊이 기도할 때 하나님의 마음을 깨달을 수 있습니다. 우리가 하나님의 마음을 알 때 하나님의 역사에 쓰임 받을 수 있습니다.

우리는 기도를 통해 하나님을 만나고, 하나님의 마음을 깨닫고, 하나님께 반응해야 합니다. 상처 속에서 기도하는 우리를 보시고 하나님은 우리 인생에 아름다운 꽃을 피우십니다.

역전의 하나님을 고대하는
기도자를 위한 기도문

상처 속에서 기도할 때
인생에 꽃을 피우시는 하나님을 바라봅니다

나의 마음이 괴롭고 나의 상황이 힘들고
나의 환경이 어렵고 나의 문제가 두렵고
나의 관계가 고통스럽게 합니다

세상은 끊임없이
나의 약점을 공격하고 상처내며
나는 울분과 탄식 속에서 하루를 보냅니다
눈물로 지새우는 밤을 수없이 맞이합니다

고난은 저주이며 실패는 불행이며
나의 문제들이 지은 죄로 받는 형벌이라는 생각이
나를 사로잡고 있음을 고백합니다

해결되지 않는 문제 앞에서

해결되지 않는 분노 앞에서
해결되지 않는 걱정 앞에서
해결되지 않는 근심 앞에서
해결되지 않는 슬픔 앞에서
하나님 앞으로 나아갑니다

내가 할 수 있는 것은 나를 잊지 않으시고
나의 이름을 아시고 나의 문제를 아시고
나를 기억하시고 돌보시는
하나님 앞에 나아가 기도하는 것입니다

나의 괴로움과 슬픔을
하나님을 향한 기쁨과 환희로
나의 문제와 근심을
하나님을 향한 영광의 노래로
나의 상처를
하나님의 섭리의 꽃으로 바꾸실 은혜를 바라봅니다

문제에 머물지 않고
믿음으로 기도의 자리로 나아갈 때
하나님의 영광과 일하심이
나의 삶을 통해 펼쳐지는 역사를 보게 하소서

하나님이 이 땅에 보이실
놀라운 섭리와 은혜와 사랑과 긍휼과 영광이
나를 통해 드러나는 기적을 보게 하소서

연약한 내가 기도할 때
하나님의 동역자가 되어
놀라운 믿음의 열매들을,
인생에 아름다운 꽃들을 피우실
하나님을 기대하게 하소서

아버지 뜻 앞에
순종하는
위대한 기도

마가복음 14:32-42

32 그들이 겟세마네라 하는 곳에 이르매 예수께서 제자들에게 이르시되 내가 기도할 동안에 너희는 여기 앉아 있으라 하시고

33 베드로와 야고보와 요한을 데리고 가실새 심히 놀라시며 슬퍼하사

34 말씀하시되 내 마음이 심히 고민하여 죽게 되었으니 너희는 여기 머물러 깨어 있으라 하시고

35 조금 나아가사 땅에 엎드리어 될 수 있는 대로 이때가 자기에게서 지나가기를 구하여

36 이르시되 아빠 아버지여 아버지께는 모든 것이 가능하오니 이 잔을 내게서 옮기시옵소서 그러나 나의 원대로 마시옵고 아버지의 원대로 하옵소서 하시고

37 돌아오사 제자들이 자는 것을 보시고 베드로에게 말씀하시되 시몬아 자느냐 네가 한 시간도 깨어 있을 수 없더냐

³⁸ 시험에 들지 않게 깨어 있어 기도하라 마음에는 원이로
되 육신이 약하도다 하시고

³⁹ 다시 나아가 동일한 말씀으로 기도하시고

⁴⁰ 다시 오사 보신즉 그들이 자니 이는 그들의 눈이 심히
피곤함이라 그들이 예수께 무엇으로 대답할 줄을 알지
못하더라

⁴¹ 세 번째 오사 그들에게 이르시되 이제는 자고 쉬라 그
만 되었다 때가 왔도다 보라 인자가 죄인의 손에 팔리
느니라

⁴² 일어나라 함께 가자 보라 나를 파는 자가 가까이 왔느
니라

아무도 모르는 나의 고통,
예수님만 아신다

주님은 '십자가'라는 거대한 사건을 앞두고 기도를 택하셨습니다. 하나님의 아들이니까 무덤덤하게, 담담하게 십자가를 맞이하셨을 것이라고 생각할 수도 있지만, 육체를 입고 오신 그리스도께 십자가 사건은 결코 만만하지 않았습니다.

예수님은 "아빠 아버지여 아버지께는 모든 것이 가능하오니 이 잔을 내게서 옮기시옵소서 그러나 나의 원대로 마시옵고 아버지의 원대로 하옵소서"(막 14:36)라고 기도하셨습니다. 참으로 위대한 기도입니다. '이 잔'은 무슨 잔입니까? 저주의 잔, 하나님이 진노를 쏟아부으신 잔, 죄인이 마셔야 할 잔입니다. 지금 그 잔이 예수님 앞에 놓여 있습니다. 온 인류의 죄에 대한 저주를 받으시기

직전입니다. 특별히 어둠의 권세자들이 예수님을 죽이기 위해 총 공세를 퍼붓고 있습니다.

십자가는 인간이 당할 수 있는 가장 가혹한 형벌입니다. 육체적인 고통은 말할 것도 없고 정신적인 고통까지 동반되었습니다. 언젠가 마취 없이 척추 수술을 받으면서 예수님의 고통에 동참하고 싶었다는 어떤 분의 간증을 들은 적이 있습니다. 그 마음은 가상하지만, 우리가 예수 그리스도의 고통에 동참하는 것은 불가능합니다. 죄 없는 하나님의 아들이 겪으신 고통은 인간의 상상을 훨씬 더 넘어섭니다.

겟세마네 동산에서 십자가로 가시는 과정 속 그리스도의 고뇌를 보게 됩니다. 여기에는 고통이라는 큰 과제가 있습니다. 기독교의 중심부에는 이 십자가 고통이 놓여 있습니다. 기독교는 가볍지 않습니다. 모든 고통의 깊숙한 곳까지 다 들어갈 수 있게 하는 것이 바로 십자가입니다.

죄 많은 세상에서 살아가는 인간은 고난과 고통의 문제를 피할 길이 없습니다. 고난은 추상적이지 않습니다. 일상에서 실제로 맞닥뜨립니다. 고난을 다루지 않고서는 인생을 말할 수 없습니다. 우리에게 밀려오는 고난은 해석하기가 참 어렵습니다.

고통은 다면체라고 말합니다. 사람마다 고통의 깊이와 종류가 다릅니다. 고난의 문제를 쉽게 다루면 안 됩니다. 내가 당한 고통 안으로 깊이 들어올 수 있는 사람은 이 세상에 아무도 없습니다. 누군가 고통을 겪고 있을 때 내가 그 고통 안으로 들어갈 수도 없습니다. 고난을 제대로 이해해 줄 수 있는 사람이 이 세상에 있을까요? 주변의 어설픈 위로는 고통을 더 심화시킵니다.

기독교는 고난을 제대로 다룹니다. 고난에 정면으로 다가서게 합니다. 그것이 십자가입니다. 그리스도는 고난을 아시고 고난을 다루실 수 있는 분입니다. 그리스도는 고난을 새롭게 다루시고 새롭게 해석하시는 분입니다. 하나님의 아들이시면서 직접 고통을 겪으신 그리스도이시기 때문입니다.

그 누구도 나의 고통을 이해할 수 없을 것이라고 여길 때가 있습니다. 그때 그리스도께로 나아가야 합니다. 우리는 그리스도의 고통을 이해할 수 없지만, 그리스도는 우리의 고통을 아십니다.

주님의 기도는 진실했습니다. 주님은 "베드로와 야고보와 요한을 데리고 가실새 심히 놀라시며 슬퍼하"(막 14:33)셨습니다. 이 본문은 헬라어 원어로 굉장히 어렵고 난해한 단어들로 쓰여 있습니다. 그리스도께서 십자가 앞에서 느끼셨을 마음을 인간의 언어로는 표현하기가 어려운 것입니다. 주님이 심히 놀라고 슬퍼하신 것은 어떤 강력한 충격 속에서 극도의 슬픔에 잠겨 있는 상태를 말합니다.

다음 절에서도 주님은 "내 마음이 심히 고민하여 죽게 되었으니"(막 14:34)라고 말씀하셨습니다. 어마어마한 문제나 절망적인 사건이 닥쳐왔을 때 내가 죽은 것같이 느껴집니다. 어떤 사람은 혼절하기도 합니다. 바로 그런 상태입니다.

성경 본문에 십자가를 앞두신 예수님의 심경이 잘 표현되어 있습니다. 예수님의 감정이 그대로 다 노출된 것입니다.

우리가 주목해야 하는 것은 연약한 육체를 입고 계신 인간 예수입니다. 십자가를 지려 용감하게 나가신 것이 아닙니다. 심히 놀라셨고 극도의 슬픔에 잠기셨습니다. 기도라기보다는 고뇌에 찬 절규에 가까웠습니다. 주님은 당신이 맞을 고난에 대해 자신의 심경을 감추지 않으십니다. 십자가 앞에서 당신의 마음과 생각과 감정을 그대로 표현하십니다. "이 잔을 내게서 옮기시옵소서"(막 14:36)는 매우 솔직한 표현입니다. 예수님은 십자가를 피하고 싶으셨습니다. 마음에 있는 것을 그대로 토해 내는 것이 기도입니다. 이것이 예수님의 기도에서 배우는 기도 훈련입니다.

감정을 충분히 쏟아 내며
기도하라

　시편의 기도문들을 보면 자신의 생각을 사실적이고 직설적이며 노골적으로 표현하고 있습니다. "악인의 팔을 꺾으소서"(시 10:15), "하나님이여 그들의 입에서 이를 꺾으소서"(시 58:6) 등입니다. 이는 울분을 토해 낸 표현입니다. 이것이 바로 기도입니다. 기도는 우리의 소원이나 갈망만을 표현하는 것이 아닙니다. 우리의 감정까지 쏟아 낼 수 있어야 합니다. 시인은 하나님이 원수를 무한대로 보복해 주시기를 탄원합니다. 기도가 응답되느냐 안 되느냐가 문제가 아닙니다. 우리의 마음을 하나님 앞에 충분히 드러내는 일이 중요합니다.

　시편을 통해 하나님은 우리의 어떤 것이라도 다 받아들여 주시는 분임을 알 수 있습니다. 성도 중에서도 자신의 진심을 드러내지 않는 사람들이 있습니다. 집에 큰일이 생겼는데도 아무 일도 없다는 듯이 단지 건강만을 위해 기도하는 분들이 있습니다. 포장된 기도입니다. 그러면 기도가 맴돌 수밖에 없습니다. 형식적이고 의례적인 기도로는 중심부로 들어갈 수가 없습니다. 자신의 진심을 드러내지 않으면, 그것은 기도가 아닙니다. 하나님 앞에 나아갈 때는 우리의 외투를 벗어야 합니다. 우리의 민낯을 드러내고 속 깊은 감정을 표현해야 합니다.

다윗은 "하나님이여 내 속에 정한 마음을 창조하시고 내 안에 정직한 영을 새롭게 하소서"(시 51:10)라고 기도했습니다. 밧세바 사건 이후 1년 동안 다윗에게는 정직한 영이 없었습니다. 기도는 했지만 하나님과의 교제는 닫혀 있었던 것입니다. 형식만 남은 기도는 기도가 아닙니다. 바리새인들이 드리는 기도의 문제는 진실하지 않다는 데 있었습니다. 미사여구로 꾸며진 화려한 기도는 포장된 기도입니다.

기도는 영혼 깊숙한 곳을 드러냅니다. 진실한 만큼 하나님과 깊은 교제를 할 수 있습니다. 힘들면 힘들다고 이야기하십시오. 하나님 앞에서 훌륭해 보이려고 하지 말아야 합니다. 하나님 앞에서 자존심을 세워서는 안 됩니다. 예수님도 아버지께 그렇게 기도드리셨습니다. "이 잔을 내게서 옮기시옵소서"는 정말 진실한 기도입니다. 힘들고 어려울 때 마음껏 털어놓을 수 있는 분이 계시다는 것은 복 중의 복입니다.

고통을 기도로
풀어내라

세상에서 가장 치열한 곳이 있다면 기도의 자리입니다.

누가는 겟세마네 동산의 현장을 더 구체적으로 이야기합니다. 어떤 기도인지 상상이 됩니까? 힘쓰고 애써 더욱 간절히, 땀이 핏방울처럼 떨어진 기도입니다. 기도의 자리는 영적 전투의 최전선입니다. 기도의 자리에서 승부가 납니다.

예수님은 세 번이나 동일한 기도를 드리셨습니다. 힘쓰고 애써 간절하게, 땀방울이 핏방울 되는 것 같은 기도를 세 번이나 하신 것입니다. 동일한 기도를 드리셨다고 해서 예수님이 중언부언 기도하신 것은 아닙니다. 중언부언하는 기도란 의미 없이 기도를 늘어뜨리는 것을 말합니다. 주님은 온 힘을 다하여 사투를 벌이며 기도하셨습니다. 사도 바울에게서도 유사한 모습을 볼 수 있습니다. 그는 자기에게 있는 가시를 제거해 달라고 세 번이나 간절하게 기도했습니다. 치열한 기도였습니다. 예수님의 기도에는 심한 통곡과 눈물이 있었습니다. 적당한 기도가 아닌 생명을 건 기도였습니다.

"그는 육체에 계실 때에 자기를 죽음에서 능히 구원하실 이에

게 심한 통곡과 눈물로 간구와 소원을 올렸고 그의 경건하심
으로 말미암아 들으심을 얻었느니라" ^{히 5:7}

주님은 고통을 기도로 풀어내셨습니다. 이런 순간에는 고상한
기도를 드릴 수가 없습니다. 품위 있고 세련된, 격식을 갖춘 기도
와는 거리가 멉니다. 가장 절망적인 사건 앞에 인간이 할 수 있는
일은 기도밖에 없습니다. 평소 고상한 기도로 끝맺을 때가 있습
니다. 별로 아쉬운 것이 없으면 그렇게 할 수 있습니다. 그러나
겟세마네에서 주님이 드리신 기도는 그런 기도가 아닙니다. 땀
방울이 얼굴에 뒤범벅되어 절규하는, 하나님께 울부짖고 통곡할
수밖에 없는 기도입니다.

얍복 나루에서 야곱은 하나님의 사자와 사투를 벌였습니다. 하
나님의 사자가 야곱의 허벅지 관절을 쳤습니다. 야곱은 주저앉
을 수밖에 없었습니다. 그러나 그는 하나님의 사자를 놓지 않고
매달렸습니다. 야곱의 모습은 처절합니다. 죽느냐 사느냐의 문
제였기 때문입니다. 형 에서가 400인을 거느리고 오고 있었습니
다. 그렇기에 허벅지 관절이 어긋났음에도 처절하게 매달렸습니
다. 이것이 기도입니다.

기도가 늘 달콤하고 감미롭지만은 않습니다. 해산의 진통을 하

는 임산부처럼 울부짖는 기도를 해본 적이 있습니까? 삶이 얼마나 치열합니까. 우리의 삶이 거대한 산에 가로막혀 보이지 않는 광야로 내몰릴 때가 있습니다. 그때 우리의 기도는 그냥 기도가 아닙니다. 전투적이고 치열합니다. 눈물과 땀이 뒤섞인 기도로 승부를 내야 합니다. 예수님은 지금 그런 기도를 드리고 계십니다. 기도의 자리에서 승패가 결정됩니다.

그런데 제자들은 깊이 잠들어 있습니다. 예수님의 모습과는 너무나도 대조적입니다. 예수님은 겟세마네 동산에서 기도로 사투를 벌이며 승리의 길로 나아가십니다. 그러나 제자들은 실패의 길을 걷습니다.

땀과 눈물이 섞인 기도는 위력이 있습니다. 치열함이 없는 기도는 기도가 아닐지도 모릅니다. 기도의 자리를 점검해야 합니다. 미지근한 기도, 눈물이 말라 버린 기도, 애절함이 없는 기도, 무미건조한 기도라면 영혼이 잠들어 있거나 죽어 있을 가능성이 높습니다. 기도의 자리에서 드리는 기도의 태도가 내 삶을 결정합니다. 기도는 내 영혼의 상태를 그대로 노출합니다. 기도에서 미래가 결정됩니다.

기도하는 인생은 다르다

기도는
종종 막혀야 한다

"이르시되 아빠 아버지여 아버지께는 모든 것이 가능하오니
이 잔을 내게서 옮기시옵소서 그러나 나의 원대로 마시옵고
아버지의 원대로 하옵소서 하시고" 막 14:36

예수님은 하나님 아버지의 능력을 의지해 기도하셨습니다. "하나님은 모든 게 가능하십니다. 그렇다면 이 잔도 옮겨 주십시오. 제가 꼭 죽어야 합니까? 구원을 위한 아버지의 목적을 바꿀 수는 없지만, 성취하는 방법은 바꿀 수 있지 않습니까?" 대단한 기도입니다. 그런데 이 기도가 점점 바뀌기 시작합니다. "나의 원대로 마시옵고 아버지의 원대로 하옵소서." 이 기도는 체념이 아닙니다. 아버지의 뜻에 대한 완전한 복종입니다. 예수님은 겟세마네 동산에서 우리를 기도의 최고봉으로 안내하십니다.

기도는 나의 원함을 관철하는 것이 아닙니다. 우리는 기도를 나의 목적을 이루는 도구로 생각할 때가 많습니다. 물론 하나님은 우리의 기도를 들어주기를 기뻐하십니다. 그러나 그것은 기도의 출발일 뿐입니다. 하나님을 알라딘의 램프 요정과 같은 존재로 여겨서는 안 됩니다. 만약 내가 부르면 언제든지 나타나 나의

소원을 들어주는 신을 찾는다면 무당 종교와 다를 바가 없습니다. 거기에는 하늘의 뜻이나 이웃 사랑의 개념이 전혀 없습니다.

우리가 예수님의 기도를 통해 배워야 할 기도는 다릅니다. 나의 원함이 성취되고 응답 받는 기도가 아니라 나의 뜻이 꺾이고 아버지의 뜻 앞에 복종하는 기도를 배워야 합니다.

> "그가 아들이시면서도 받으신 고난으로 순종함을 배워서 온전하게 되셨은즉 자기에게 순종하는 모든 자에게 영원한 구원의 근원이 되시고" 히 5:8-9

주님은 완전한 복종을 보여 주십니다. 주님은 아버지가 주신 잔을 외면하지 않으셨습니다. 겟세마네 동산의 기도는 예수님의 전 생애를 보여 줍니다. 예수님은 당신의 뜻이 아닌 아버지의 뜻을 따라 사셨습니다. 십자가가 무엇입니까? 자기 부정입니다. 제자의 길을 걷는 사람이라면 겟세마네 동산에서 기도하신 주님의 기도를 배워야 합니다. 아버지의 뜻 앞에서 우리의 선택은 하나입니다. 바로 순종입니다. 하나님의 뜻이 분명하다면 타협의 여지가 없습니다. 우리의 소원보다 아버지의 소원이 더 크고 완전하기 때문입니다.

예수님은 이미 하나님의 뜻을 알고 계셨습니다. 그럼에도 같은 기도를 반복해서 드리신 이유는 무엇일까요? 예수님은 전능한 신으로 십자가에 매달리신 것이 아닙니다. 연약한 인간의 몸으로 그 자리에 나아가셨기 때문에 결코 간단하지 않았습니다. 주님은 나의 소원을 꺾고 아버지의 소원에 순종하는 길이 얼마나 어렵고 험한가를 보여 주셨습니다.

나의 소원에서 아버지의 소원으로 넘어가는 일에서 우리는 실패합니다. 나의 소원이 쉽게 지워지지 않습니다. 일평생의 작업입니다. 우리의 기도는 하나님의 뜻 앞에 멈추어 서야 합니다. 기도가 종종 막힐 때가 있습니다. 우리의 기도는 자주 브레이크가 걸려야 합니다. 만약 구하는 대로 기도가 이루어진다면 어떤 일이 벌어질까요? 하나님과 나의 자리가 바뀌어 내가 하나님이 되고, 하나님이 나의 종이 되고 맙니다. 기도가 마술이 되지 않으려면, 우리의 기도는 종종 막혀야 합니다. 우리의 기도대로 이루어지지 않아야 정상입니다.

기도의 절정은
복종이다

가장 위대한 기도는 복종입니다. 구한 대로 이루어지는 것보다 이루어지지 않음으로 하나님을 알아갈 때가 많습니다. 복종의 기도는 모든 것을 하나님께 맡기는 기도입니다. 최종 선택을 하나님께 맡기는 것입니다.

우리는 기도의 효력을 강조합니다. 기도한 만큼 얻어야 한다고 생각합니다. 항상 기도를 통해 얻은 것이 무엇인가를 계산합니다. 그렇다면 기도를 잘못 이해한 것입니다. 기도는 훨씬 더 높은 차원입니다. 기도를 통해 무엇을 '얻었는지'보다 무엇을 '배웠느냐'가 더 중요합니다.

기도는 하나님을 알아가는 과정입니다. 하나님을 알아갈수록 하나님의 뜻을 알게 되고, 그 뜻을 알게 될 때 온전히 순종할 수 있습니다. 그 뜻이 우리에게 훨씬 더 유익하다는 것을 알기 때문입니다.

한국 교회는 기도에 열심입니다. 한국 교회만큼 열심히 기도하는 곳은 세계 교회 어디에도 없습니다. 그런데 왜 그렇게 열심히 기도하는지에 대해서 분명하지가 않습니다. 기도의 방향이 확실하지 않을 때가 많습니다. 기도 내용을 자세히 들어 보면 그 안에

기도하는 인생은 다르다

이기적인 욕망이 들어 있습니다. 잘못된 기도를 불같이 하면 오히려 더 위험합니다. 열심히 기도하는 것보다 더 중요한 것은 바르게 기도하는 것입니다.

하나님이 우리에게 응답하신 것만 기도가 아닙니다. 우리가 하나님께 응답하는 기도로 변해가야 합니다. 유진 피터슨은 '응답하는 기도'라는 표현을 씁니다. 나의 고통이 제거되는 것도 좋지만, 그 고통을 통해 하나님의 뜻이 이루어지는 것이 중요합니다. 예수님께 하나님의 원하심을 받아들이는 것은 십자가의 죽음을 받아들이는 것입니다. 자신에게 내려질 그 진노를 받아들인다는 이야기입니다. 예수님은 살 권리도, 의지도 내려놓으셨습니다.

구원의 역사를 이루기 위한 아들의 선택이 참 놀랍습니다. 아들은 아버지의 뜻에 모든 것을 맡깁니다. 완전한 복종, 하나님의 역사가 이루어지는 지점입니다. 예수님은 지금 아버지의 처분에 모든 것을 내어 맡기고 계십니다. 하늘의 뜻이 이루어지는 곳에는 복종이 있습니다. 기도의 절정은 응답이 아닙니다. 아버지의 뜻에 완전히 복종하는 것이 기도의 절정입니다.

세상 안으로 들어가면 모두가 자신의 권리를 주장하기 바쁩니다. 나의 정당함을 주장하기에 몰두합니다. 어디를 가나 권리를 쟁취하려고 핏대를 세웁니다. 결정적인 순간, 하나님의 뜻은 온

데간데없습니다. 각자 자기 목소리 내기에 정신이 없습니다. 세상에 갈등과 분쟁이 많은 이유가 여기 있습니다.

우리는 나에게 주어진 고통을 피하게 해달라고 할 때가 많습니다. 그러나 고통을 피하고자 한다면 고통을 통하여 이루실 하나님의 뜻을 알 수가 없습니다. 하나님은 고통을 통하여 일하십니다. 고통의 시간을 통해 하나님을 더 깊이 알게 하십니다. 언제 하나님께 가까이 나아갔습니까? 언제 하나님을 만났습니까? 언제 신앙이 가장 깊어졌습니까? 틀림없이 고통의 순간입니다. 고난은 신비입니다. 고난이 이해되지 않을 때가 있지만, 그 안에 하나님의 뜻이 있습니다. 고통 속에 하나님의 섭리가 숨 쉬고 있습니다.

주님은 십자가를 목전에 둔 겟세마네 기도를 통해 우리에게 기도를 가르쳐 주십니다. 다양한 기도가 있지만 겟세마네의 기도는 기도의 절정입니다. 주님은 겟세마네 기도로 승리하셨고 뚜벅뚜벅 십자가 앞으로 걸어가셨습니다. 겟세마네 동산에서 기도의 모범을 배웁니다. 주님의 기도는 진실했고, 치열했으며, 완전한 복종이었습니다.

그러나 아쉽게도 제자들은 기도 훈련을 받지 못하고 처절한 실패를 경험합니다. 기도의 자리에서 모든 것이 결정됩니다. 기도의 자리가 승부처입니다. 기도의 자리에서 승리해야 합니다. 마귀는 기도의 자리에서 우리를 잠들게 만듭니다. 고난의 파도 속에서 마귀의 간교한 유혹을 분별하고 기도로 승리해야 합니다. 예수님의 위대한 기도가 우리의 기도가 되어야 합니다.

하나님의 뜻에 순종하는
삶을 위한 기도문

하늘에 계신 아버지의 뜻이
하늘에서 이룬 것같이
이 땅에서 이루신 예수님을 바라봅니다

연약한 인간의 육체를 입으시고
이 땅의 삶 속에서
육체의 한계를 아셨지만
기도의 자리를 놓치지 않으신
예수님을 따라 기도하는 자가 되게 하소서

육체가 느낄 수 있는 한계까지
모든 고통의 깊숙한 곳까지
고난의 잔을 통해 십자가를 통해
나의 삶에 구원을 이루신 은혜를 바라봅니다

고통의 문제 앞에 무너지지 않게 하시고
다른 사람의 시선을 신경 쓰지 않게 하시고

자존심과 교만함을 내려놓게 하시고
울분과 후회와 좌절과 답답함을 내려놓게 하시고
나의 영혼 깊숙한 곳에 있는 소리를
진실하게 하나님 앞에 아뢰게 하소서

나의 고통을 깊이 아시는 그 사랑 앞에
나의 연약함을 채워 주시는 그 사랑 앞에
나의 무기력을 기다려 주시는 그 사랑 앞에
나의 간절함을 이미 아시는 그 사랑 앞에
기도하는 자가 되게 하소서

적당한 순종이 아닌
하나님의 뜻에 완전한 복종으로
적당한 헌신이 아닌
하나님의 뜻에 완전한 결단으로
십자가 앞에서 기도하는 자가 되게 하소서

십자가를 통해
하늘의 뜻을 이 땅에 이루신
예수님을 따라가는 자가 되어
십자가를 붙들고
십자가를 바라보며
십자가를 온전히 의지하며
기도하는 자가 되게 하소서

나를 통해
하늘에 계신 아버지의 뜻이
이 땅에서 이루어지게 하소서
그날이 오기까지
기도를 멈추지 않게 하소서

응답 받는 기도를 넘어
하나님의 뜻에 응답하는 기도자가 되게 하소서

9장

하나님 영광을 구하는 기도

하나님의 영광을
구할 때
기도는 강력해진다

요한복음 14:12-14

12 내가 진실로 진실로 너희에게 이르노니 나를 믿는 자는
내가 하는 일을 그도 할 것이요 또한 그보다 큰 일도 하
리니 이는 내가 아버지께로 감이라

13 너희가 내 이름으로 무엇을 구하든지 내가 행하리니 이
는 아버지로 하여금 아들로 말미암아 영광을 받으시게
하려 함이라

14 내 이름으로 무엇이든지 내게 구하면 내가 행하리라

삶은 늘 불안합니다. 우리가 생각하는 대로 되지 않습니다. 예상과 다른 일이 벌어질 때가 얼마나 많은지 모릅니다. 이때 우리는 믿음을 포기하고 싶어집니다. 믿음이 약해지고, 자신의 믿음이 무의미하게 느껴집니다. 오히려 현실에 타협하고 싶어집니다. 믿음과 현실이 다르다는 것을 경험하면 현실과 타협하려고 합니다.

그러나 신자는 어떤 경우에도 믿음을 포기해서는 안 됩니다. 신자는 믿음으로 살아야 합니다. 부족한 점이 있다 하더라도 믿음이 있으면 승리합니다. 물고기가 물을 떠나 살 수 없듯이, 신자는 믿음 없이 살 수 없습니다. 눈에 보이는 것만 주목한다면, 신자는 소망을 둘 곳이 없습니다.

믿음으로
기도하는 사람은 다르다

세상에서 살다 보면 믿음이 작아집니다. 현실 속에 믿음이 파묻히는 듯합니다. 예수님의 제자들도 그랬습니다. 예수님 없이 살아가는 동안 믿음이 점점 작아졌습니다. 그들은 두려워했습니다. 염려했습니다. 현실 속에 빠져들었습니다.

예수님은 지상에서의 사역을 마치고 승천하시기 전에 예수님이 하신 사역을 제자들에게 위탁하셨습니다. 예수님의 사역을 대행할 사람을 찾으셨습니다.

"내가 진실로 진실로 너희에게 이르노니 나를 믿는 자는 내가 하는 일을 그도 할 것이요 또한 그보다 큰 일도 하리니 이는 내가 아버지께로 감이라" 요 14:12

예수님은 예수님이 하신 일을 그 사람도 할 수 있게 하겠다고, 예수님이 하신 것보다 더 큰 일도 할 수 있게 하겠다고 말씀하셨습니다. 이것은 상상하기 어려운 엄청난 이야기입니다.

예수님이 하신 것보다 더 큰 일을 누가 할 수 있습니까? 예수님은 '나를 믿는 자'가 그 일을 할 수 있다고 말씀하셨습니다. 믿음이 이렇게 놀랍습니다. 우리는 믿음을 붙잡아야 합니다. 예수님이 요구하시는 것은 단 하나, 믿음입니다. 무엇을 믿어야 합니까? 오직 예수님을 믿어야 합니다. 예수님은 "너희는 마음에 근심하지 말라 하나님을 믿으니 또 나를 믿으라"(요 14:1)라고 말씀하셨습니다.

예수님을 믿는 사람은 근심하지 않습니다. 믿음의 사람은 어떤 상황에서든 희망을 품습니다. 믿음이 있는 사람은 염려를 모두 끊을 수 있습니다. 믿음이 있기 때문에 말씀을 기다립니다. 믿음이 있기 때문에 기도합니다.

믿음이 있는 사람은 얼굴이 다릅니다. 걸음걸이가 다릅니다. 말에서 믿음이 느껴집니다. 사업을 하는 경우, 믿음의 사람은 거래처에 신뢰를 줍니다. 믿음의 사람은 하나님이 함께하심을 확신하기 때문에 무엇을 하든 당당합니다. 믿음의 사람의 모습에서 믿음이 흘러나옵니다. 그래서 신뢰할 수 있습니다.

요한복음 14:12-14의 예수님 말씀은 우리에게 용기와 담대함을 줍니다. 우리는 위대하신 예수님을 전적으로 믿어야 합니다. 하나님은 위대하십니다. 우리가 하나님을 온전히 믿을 때 하나님께 영광 돌리는 것입니다.

사무엘상 1장에서 한나는 아이를 낳게 해 달라고 하나님께 기도했습니다. 그런데 한나의 입술만 움직일 뿐 음성은 들리지 않자, 엘리 제사장은 한나가 취한 줄 알았습니다. 후에 엘리 제사장은 한나가 포도주나 독주를 마신 것이 아니요, 하나님 앞에 자신의 심정을 토로한 것임을 알았습니다. 그리하여 엘리 제사장은 한나에게 "평안히 가라 이스라엘의 하나님이 네가 기도하여 구한 것을 허락하시기를 원하노라"(삼상 1:17)라고 말했습니다. 이에 한나는 "당신의 여종이 당신께 은혜 입기를 원하나이다"(삼상 1:18)라고 말했습니다. 한나의 얼굴에 생기가 돌았습니다. 문제가 사라졌습니다. 한나의 마음에 믿음이 생겼기 때문입니다.

사도 바울은 빌립보서에서 이렇게 말했습니다.

"아무것도 염려하지 말고 다만 모든 일에 기도와 간구로, 너희
구할 것을 감사함으로 하나님께 아뢰라 그리하면 모든 지각에
뛰어난 하나님의 평강이 그리스도 예수 안에서 너희 마음과 생
각을 지키시리라" 빌 4:6-7

기도하는 사람은 얼굴이 어두우면 안 됩니다. 기도하는데 표정이 일그러지면 안 됩니다. 기도하는 사람의 얼굴에는 근심이 없어야 합니다. 믿음으로 기도한 사람은 마음이 평안하고 근심이

사라집니다.

최고의 기도는
하나님의 영광을 구하는 것이다

"나를 믿는 자는 내가 하는 일을 그도 할 것이요"(요 14:12)라는 말씀은 예수님을 믿는 사람에게 예수님이 능력을 주신다는 의미입니다. 신자의 믿음은 능력과 연결됩니다. 또한 예수님은 "너희가 내 이름으로 무엇을 구하든지 내가 행하리니"(요 14:13)라고 말씀하셨습니다. 예수님의 이름으로 기도하는 것이 중요합니다. 예수님의 이름으로 기도할 때 하나님 아버지께서 들어주십니다.

예수님으로 인해 하나님 아버지께서 영광을 받으십니다. 예수님의 이름으로 구하는 것은 하나님의 영광과 연관됩니다. 우리가 기도하고 응답 받는 것이 하나님께 영광이 되어야 합니다. 이것이 기도의 핵심입니다.

예수님은 자신의 영광을 위해 살지 않으셨습니다. 오직 하나님 아버지의 영광에 몰두하셨습니다. 예수님이 공생애를 시작하기 전 금식하셨을 때, 마귀는 예수님을 세 번 시험했습니다. 그러나 예수님은 마귀의 시험으로 넘어지지 않으셨습니다. 예수님은 자신이 하나님 아버지의 영광을 위해, 하나님 아버지의 뜻을 성취하기 위해 이 세상에 왔다는 사실을 늘 기억하셨습니다. 예수님은 이 세상에 온 목적을 분명히 이해하셨기에 자신을 위해 능력을 행하지 않으셨습니다.

이 세상에 존재하는 이유를 알지 못할 때 시험에 넘어갑니다. 그러나 자신의 존재 목적을 분명하게 이해하면 시험에 넘어가지 않습니다. 예수님은 저주 아래에 있는 인간을 구원하시려는 하나님의 뜻을 분명하게 이해하고 이 세상에 오셨습니다. 예수님은 마귀의 시험에 넘어가지 않으셨습니다.

예수님은 자신을 드러내려 이 세상에 오신 것이 아니라, 하나님을 드러내기 위해 이 세상에 오셨습니다. 그러므로 예수님은 마귀 앞에서 돌이 떡이 되게 하실 이유가 없었습니다. 돌이 떡이 되게 하면 자신의 배는 채울 수 있습니다. 그러나 그렇게 하면 하나님의 뜻을 이룰 수 없습니다. 예수님은 자신의 목적을 위해서는 기적을 행하지 않으셨습니다.

우리는 예수님처럼 살아야 합니다. 그렇게 할 때 예수님이 하신 일을 우리도 할 수 있습니다. 예수님이 행하신 것보다 더 큰 일도 할 수 있습니다. 예수님은 하나님의 영광을 구하셨습니다. 그러므로 우리도 기도할 때 하나님의 영광을 구해야 합니다.

"너희가 내 이름으로 무엇을 구하든지 내가 행하리니" 요 14:13

예수님은 우리에게 자신의 이름을 사용할 수 있게 하셨습니다. 예수님의 이름으로 구하는 기도는 능력이 있습니다. 그러나 예수님의 이름을 남용해서는 안 됩니다. 예수님의 이름을 언제 사용해야 합니까? 하나님의 영광을 위해 예수님의 이름을 사용해야 합니다. 이것이 기도의 핵심입니다.

우리의 목적을 이루기 위해 예수님의 이름으로 기도하는 것은 예수님의 이름을 오용하고 남용하는 것입니다. 우리가 하나님의 영광을 위해 예수님의 이름으로 기도할 때는 시시한 것을 구해서는 안 됩니다.

"나를 믿는 자는 내가 하는 일을 그도 할 것이요 또한 그보다 큰 일도 하리니"(요 14:12)라는 예수님의 말씀은 구원 사역과 관계있습니다. 단순히 잘 먹고 잘살기 위해 기도해서는 안 됩니다. 기도를 개인의 욕심과 목표를 이루는 수단으로 이용해서는 안 됩니다. 자신의 문제에 초점을 맞추고 기도하면, 기도는 미궁으로 빠집니다. 그렇다고 일상의 필요를 위해 기도하지 말라는 의미는 아닙니다. 물론 일상의 필요를 위해 기도해야 합니다. 그러나 거기에서 멈추어서는 안 됩니다. 기도가 더 깊어져야 합니다.

사람은 떡으로만 사는 존재가 아닙니다. 하나님의 입으로부터 나오는 모든 말씀으로 사는 존재입니다. 육신의 정욕, 안목의 정욕, 이생의 자랑은 다 바람처럼 사라집니다. 오직 하나님의 말씀만 영원합니다. 기도의 방향이 바로잡혀 있을 때 기도가 깊어집니다. 하나님의 능력을 아무렇게나 사용해서는 안 됩니다. 오직 하나님의 목적을 이루기 위해 하나님의 능력을 사용해야 합니다.

능력이 주어지는 것은 좋은 일입니다. 그러나 큰 능력이 주어지면 위험이 따라옵니다. 능력이 클수록 유혹도 많습니다. 돈이 많아지면 좋을 것 같지만 그만큼 유혹이 많은 것처럼 말입니다. 돈이 갑자기 많이 주어지면, 사람들은 정신을 차리지 못합니다. 인기가 갑자기 치솟으면 정상적으로 살아갈 수 없습니다.

우리에게 하나님의 능력이 주어지면 인간의 한계를 넘는 일이 일어납니다. 능력에 사로잡히면 하나님을 잊기 쉽습니다. 하나님 없이도 살 수 있을 것이라 착각합니다. 마치 자신이 하나님이 된 것처럼 생각하고 자신에게 능력을 주신 분을 놓칩니다. 그러므로 우리는 감당할 만한 능력을 구해야 합니다. 자신에게 주어진 능력으로 하나님께 영광 돌려야 합니다. 하나님이 주신 재능과 능력으로 자신을 극대화하고 자랑하고 포장하는 것이 아니라, 오직 하나님께만 영광 돌려야 합니다.

기도를 통해
믿음이 구체화된다

"여러 계시를 받은 것이 지극히 크므로 너무 자만하지 않게 하
시려고 내 육체에 가시 곧 사탄의 사자를 주셨으니 이는 나를
쳐서 너무 자만하지 않게 하려 하심이라" 고후 12:7

사도 바울은 자신의 연약함으로 인해 늘 불편했습니다. 자신의
삶을 제한하는 약점은 제거되어야 한다고 생각했습니다. 그러나
하나님의 생각은 그렇지 않았습니다. 하나님은 하나님의 능력이
사도 바울에게 머물게 하려고 그 연약함을 그대로 두셨습니다(고후
12:8-9). 사도 바울을 자만하지 않게 하시기 위해서입니다. 하나님
없이 살려는 유혹에 빠지지 않게 하시려고 하나님은 사도 바울에
게 있는 연약한 모습을 그대로 두셨습니다.

우리도 마찬가지입니다. 하나님은 우리의 능력을 제한하셨습
니다. 하나님은 우리에게 있는 약점을 그대로 두셨습니다. 우리
의 힘만으로는 살아갈 수 없음을 인정하게 하시고, 오직 하나님
의 능력을 의지하게 하셨습니다. 작은 일을 할 때는 믿음이 별
로 필요하지 않습니다. 목표가 작을 때는 실패할 가능성이 적습
니다. 실패할 가능성이 적다는 것은 믿음이 별로 필요하지 않다

는 의미입니다. 그러나 우리가 하나님의 나라와 영광을 구한다면 크게 기도해야 합니다. 하나님의 일을 하면서 사람의 수준으로 생각하고 기도해서는 안 됩니다. 하나님이 흡족하실 만한 기도를 해야 합니다.

믿음의 삶은 위험합니다. 모험적입니다. 편안하지 않습니다. 하나님의 일을 하려면 믿음이 필요합니다. 큰 목표를 세우고 도전하려면 반드시 믿음이 있어야 합니다. 하나님은 믿음의 사람을 통해 역사하십니다. 믿음으로 움직이는 사람이 사역의 현장에 있어야 합니다. 이성적으로 생각하는 것이 아니라, 믿음을 따라 생각하는 사람이 있어야 합니다. 기도를 통해 믿음이 구체화됩니다. 기도가 없으면, 믿음은 추상명사에 불과합니다. 기도를 통해 믿음의 능력이 나옵니다.

기도로 문제를 해결해 나갈 때 믿음의 실력이 자란다

문제가 일어나지 않기를 바라서는 안 됩니다. 문제가 생기면 기도로 해결하면 됩니다. 기도로 문제를 해결한다는 것은 놀라운 일입니다. 기도를 가리켜 '마스터키'(master key)라고 합니다. 그렇다고 아무것이나 기도로 해결할 수 있다는 의미는 아닙니다. 필요

없는 것은 열 필요가 없습니다. 하나님은 필요한 것을 반드시 열어 주신다는 의미입니다.

신자는 문제를 해결하는 방법이 세상 사람들과 달라야 합니다. 세상 사람들은 힘으로 문제를 해결하려고 합니다. 그러나 우리는 세상 사람들과 달리 하나님의 힘을 의지해 문제를 해결해야 합니다. 그것이 기도입니다. 기도는 우리의 힘을 빼는 것입니다. 자신의 방식을 내려놓는 것입니다. 하나님이 문제를 해결하실 수 있음을 믿고 하나님께 모든 것을 맡기는 것입니다.

믿음으로 사는 사람에게는 비밀이 있습니다. 믿음의 사람은 중요한 순간에 기도합니다. 인생의 중요한 전환점에서 기도합니다. 믿음의 사람은 기도로 문제를 해결합니다. 기도로 답을 찾습니다. 기도를 통해 하나님의 인도를 받습니다. 빛을 발견합니다. 이처럼 기도를 통해 믿음의 실력이 드러납니다.

그러나 기도를 통해 하나님을 경험하지 못하면 신앙생활이 재미없습니다. 믿음이 죽었기 때문입니다. 믿음의 체험이 없기 때문입니다. 신앙생활은 현재형이어야 합니다. 오늘 아침 경험한 하나님, 오늘 경험한 은혜를 간증해야 합니다. '무엇을 하는가'보다 '믿음으로 하는가'가 중요합니다. 믿음이 작동해야 합니다. 믿음을 통해 하나님을 경험해야 합니다. 개인의 경험으로 끝나는 것이 아니라, 많은 사람 앞에서 믿음을 드러내야 합니다. 하나님께 영광 돌려야 합니다.

고난 자체만 보면, 고난이 좋은 것인지 아닌지 알 수 없습니다. 고난을 통해 무엇을 배웠는가가 중요합니다. 고난을 통해 기도를 배웠다면, 고난은 좋은 것입니다. 고난을 통해 하나님의 뜻을 발견했다면, 고난을 통해 믿음이 자랐다면 고난은 유익합니다. 그러므로 고난 자체만 보아서는 안 됩니다. 고난으로 인해 기도하다 보면 고난을 이길 수 있습니다. 고난으로 인해 성품이 다듬어지고 하나님의 영광을 경험할 수 있습니다.

기도 응답의 경험이 있으면 앞으로 더 확실히 믿고 더 적극적으로 기도하게 됩니다. 놀라운 응답을 받습니다. 예수님의 이름으로 기도하면 됩니다. 믿음의 역사가 나타날 때 하나님께 영광 돌리는 삶을 살게 됩니다. 그때 예수님이 말씀하신 대로, 예수님이 하신 일을 우리도 할 것입니다. 예수님이 하신 일보다 더 큰 일도 우리가 할 것입니다.

하나님의 영광에
올인하며 살라

하나님은 우리에게 능력을 주기 원하십니다. 가능하면 많이 주고 싶어 하십니다. 하나님의 능력을 드러내시기 위해서입니다. 하나님의 목적을 분명히 이해하고 살 때, 하나님은 우리 가운데 하나님의 능력을 부어 주실 것입니다. 예수님은 "내가 온 것은 양으로 생명을 얻게 하고 더 풍성히 얻게 하려는 것이라"(요 10:10)라고 말씀하셨습니다. 예수님은 수많은 영혼을 구원하기 위해 이 세상에 오셨습니다.

우리가 존재하는 이유와 목적을 잊어서는 안 됩니다. 우리는 잘 먹고 잘살기 위해 존재하는 것이 아닙니다. 우리는 하나님의 영광을 위해 살아야 합니다. 한 영혼이라도 살리려는 목적을 가지고 살아가야 합니다. 우리는 하나님의 영광에 올인해야 합니다. 우리는 하나님이 원하시는 일을 찾아야 합니다. 하나님이 원하시는 일을 하며 사는 것이 우리가 가장 잘 사는 길입니다. 하나님이 우리를 통해 하고 싶어 하시는 일이 있습니다. 하나님은 우리를 통해 하나님의 영광이 온 땅에 드러나기를 원하십니다.

세상은 화려합니다. 세상은 골리앗과 같습니다. 그에 비해 우리가 가진 것은 지극히 작습니다. 별 볼 일 없어 보입니다. 세상에서 우리는 작습니다. 마치 골리앗 앞에 선 다윗과 같습니다. 그런데 다윗은 물매와 돌 하나로 충분했습니다. 골리앗을 넘어뜨리기 위해 군사와 무기를 동원할 필요가 없었습니다. 그것은 오히려 에너지를 낭비하는 일입니다. 다윗은 만군의 여호와의 이름이 얼마나 높은지 알았습니다. 다윗은 만군의 여호와의 이름을 드러내고 싶었습니다. 할례 받지 않은 블레셋 사람이 살아 계신 하나님의 군대를 모욕하는 것을 참을 수 없었습니다. 그래서 다윗은 골리앗 앞으로 담대히 나아갔습니다.

세상에서 신자는 절대 열세처럼 보입니다. 그러나 기죽을 이유가 없습니다. 하나님이 우리를 쓰시면 됩니다. 하나님이 일하시면 됩니다. 하나님이 언제 일하십니까? 하나님의 영광을 드러내셔야 할 때, 하나님의 하나님 되심을 드러내셔야 할 때 일하십니다.

'지금 나에게 믿음이 있는가, 내 믿음이 살아 있는가' 확인하며 살아가야 합니다. 믿음으로 기도하면 됩니다. 하나님의 능력은 우리가 생각하는 것보다 훨씬 강력합니다. 믿음으로 기도해 하나님의 능력을 경험하는 삶을 살아야 합니다.

우리는 세상 속으로 들어가야 합니다. 우리가 믿는 하나님이 어떤 분이신가를 세상 한가운데서 전해야 합니다. 전도 대상자를 마음에 품고 기도할 때, 그들이 하나님의 능력을 분명하게 경험할 수 있도록, 그들의 인생이 변화되도록 기도해야 합니다.

기도보다 더 크고 놀랍게
역사하시는 하나님

예수님이 하신 일을 우리도 하려면 어떻게 해야 합니까(요 14:12). 예수님처럼 살아야 합니다. 예수님은 자기를 비워 종의 형체를 가지사 사람들과 같이 되셨습니다(빌 2:7). 예수님은 하나님 아버지의 영광을 위해 자신을 완전히 비우셨습니다.

누구나 처음에는 하나님의 영광을 위해 산다고 말합니다. 그런데 하나님의 영광을 위하기보다, 오히려 하나님의 영광을 가로챌 때가 많습니다. 하나님의 영광을 위해 자신의 것을 내려놓기를 주저합니다. 이처럼 자신의 것을 완전히 포기하기란 쉽지 않습니다. 자신은 완전히 묻혀도 하나님의 이름만 높일 수 있다면, 그것으로 충분합니다. 오직 하나님의 영광을 위해 살아야 합니다. 그때 우리의 기도에 능력이 나타납니다. 예수님은 "내 이름으로 무엇이든지 내게 구하면 내가 행하리라"(요 14:14)라고 말씀하셨습니다.

신앙생활은 우리를 흥분시키고 설레게 합니다. 우리의 가슴을 뛰게 합니다. 하나님은 늘 새 일을 행하십니다. 하나님은 전능하십니다. 하나님은 우리가 믿음으로 살기를 원하십니다. 하나님은 우리가 하나님의 영광을 드러내기를 원하십니다. 하나님은 열방 가운데 하나님의 이름이 높아지기를 원하십니다. 우리는 그 일을 위해 부르심을 받았습니다. 그 부르심대로 살아갈 때 가장 복된 인생이 됩니다.

하나님은 우리가 믿음으로 기도하기를 원하십니다. 하나님의 영광을 위해 기도하기를 원하십니다. 하나님은 우리의 일상 속에서 하나님의 이름이 높아지기를 원하십니다. 우리는 애매하게 기도하지 말고 명확하게 기도해야 합니다. 오직 하나님의 영광을 위해 기도해야 합니다. 오직 하나님의 영광에 초점을 맞추고 기도할 때 기도가 강력해집니다. 오직 하나님의 영광을 드러내는 것이 우리의 유일한 소원이 되어야 합니다. 그때 하나님이 우리의 기도를 기쁘게 받으실 것입니다.

하나님의 영광에 초점을 맞추고 기도하기는 결코 쉽지 않습니다. 오랫동안 자기중심으로 기도했기 때문입니다. 그러므로 성령의 도우심이 필요합니다. 우리가 하나님의 영광을 위해 살고, 하나님의 영광을 위해 기도할 때 우리의 삶에 하나님의 능력이 나타날 것입니다.

소년 다윗을 사용해 거인 골리앗과 블레셋을 무너뜨리신 하나님이 우리의 삶에도 역전(逆轉)의 역사(役事)를 행하실 것입니다. 우리를 통해 하나님의 영광을 드러내기 원하시는 하나님은 우리가 기도하는 것보다 크고 놀랍게 역사하실 것입니다. 하나님을 경험하는 믿음의 삶이 이제 시작되었습니다.

하나님 영광을 구하는
삶을 위한 기도문

주어진 하루의 삶 속에서
한없이 작아지는 나를 발견합니다
불안한 삶과
불안한 관계와
불안한 환경이
믿음과 현실을 타협하게 하려 합니다

나의 이름에는 능력이 없지만
예수님 이름의 능력을 믿으며 나아갑니다

예수님의 이름으로 구하는 자에게
예수님이 들으시고 행하시겠다는
약속의 말씀을 붙들고 나아갑니다

예수님을 믿는 자에게
예수님의 이름을 부르는 자에게

예수님이 보여 주신 영광의 삶이
축복으로 주어진다는 말씀을 붙들고 나아갑니다

나의 현실을 뛰어넘어
예수님의 이름으로
이 땅에서 하늘 아버지의 영광을 높이는
믿음의 사람이 되길 소망합니다

예수님의 이름으로
염려를 넘어
근심을 넘어
세상을 넘어
당당하게 하나님의 영광을 위해 나아가게 하소서

하늘 아버지의 영광을 드러내신 예수님을 따라
자신을 드러내지 않고

주어진 모든 자리에서
하늘 아버지의 영광을 드러내는 믿음의 사람이 되게 하소서

나의 말과 재능과 능력과 삶과 관계와 환경이
예수님의 이름으로
하나님의 영광을 드러내는 믿음의 사람이 되게 하소서

주께 드리는
나의 기도문